"自媒体运营"1+X职业技能等级证书配套教材

自媒体运营
基础实战教程（抖音版）

郑艳秋　张晓欣　主　编
陈新宇　方荣卫　副主编

电子工业出版社
Publishing House of Electronics Industry
北京·BEIJING

内 容 简 介

本书是"自媒体运营"1+X职业技能等级证书配套教材之一，依据《自媒体运营职业技能等级标准（2023版）》（初级）编写而成。

全书共10个项目，26个任务，包括账号管理、场景搭建、文案创意、图片拍摄与处理、视频拍摄与剪辑、口播技术、短视频运营、直播运营、用户运营以及服务变现，分属账号搭建、内容创作、引流转化和商业变现四大模块，内在逻辑清晰，实现了技能闭环。写法上属于典型的OBE理念指导下的任务驱动模式，真实、实用。

本书可作为职业院校"自媒体运营"课程配套教材，也可以作为抖音自媒体创作者自学参考用书。

未经许可，不得以任何方式复制或抄袭本书之部分或全部内容。
版权所有，侵权必究。

图书在版编目（CIP）数据

自媒体运营基础实战教程：抖音版 / 郑艳秋，张晓欣主编. —— 北京：电子工业出版社，2024.7（2025.8重印）.
ISBN 978-7-121-48502-2

Ⅰ．F713.365.2

中国国家版本馆CIP数据核字第20249SB667号

责任编辑：陈　虹
印　　刷：天津千鹤文化传播有限公司
装　　订：天津千鹤文化传播有限公司
出版发行：电子工业出版社
　　　　　北京市海淀区万寿路173信箱　　　　邮编：100036
开　　本：787×1 092　1/16　印张：13.75　字数：352千字
版　　次：2024年7月第1版
印　　次：2025年8月第2次印刷
定　　价：68.00元

凡所购买电子工业出版社图书有缺损问题，请向购买书店调换。若书店售缺，请与本社发行部联系，联系及邮购电话：(010) 88254888，88258888。

质量投诉请发邮件至 zlts@phei.com.cn，盗版侵权举报请发邮件至 dbqq@phei.com.cn。
本书咨询联系方式：chitty@phei.com.cn。

前 言
PREFACE

TikTok 是抖音国际版。截至 2024 年 4 月，TikTok 全球下载量超过 49.2 亿次，覆盖 150 多个国家和地区，其中，在 40 多个国家的应用商店登顶，月度活跃用户数超过 15.82 亿，远超国内抖音的月活用户数（2024 年 5 月，3 亿人左右）。

抖音不只是国民级应用，更是世界级应用。无论是"记录美好生活"，还是获取创作收益，或是传播品牌价值，总有一种"值得"的"好处"，激励我们学好抖音自媒体相关技能。以抖音为代表的视频社媒，在接近数码相机拍摄质量的智能手机、人工智能辅助的视频剪辑工具等的加持下，创作变得越来越容易。"自媒体运营"正是这样一种简单而值得的通用技能。

"自媒体运营" 1+X 职业技能等级证书是教育部审批通过的第四批 1+X 证书之一，由抖音集团（北京抖音信息服务有限公司）举办，以"达人"（自媒体创作者）视角，依托抖音平台，将相关技能分为初、中、高三个层次，支持创作者从产生"兴趣"，到基本"合格"，并逐步走向"成熟"，这也是证书三个级别的定位。

本书是自媒体运营初级证书的配套教材，依据《自媒体运营职业技能等级标准（2023版）》（初级）编写而成，宗旨是激发和保持初学者的兴趣。故在内容选择上，本书着重在"简"和"快"字上下功夫。

全书共 10 个项目，26 个任务，较中级少 2 个项目，较高级少 3 个项目，在内容范畴上更"简"、更"快"。所有任务的实践在手机端即可完成，不需要专用机房和宽带网络，即使实训条件不够理想，也能顺利实践，在实践条件上实现了"简"和"快"。内容深度上也按"简""快"原则，尽量降低难度。例如，在账号管理中关于平台及其规则的内容，只需要掌握违禁规则即可，无须理解抖音运营逻辑，更无须学习抖音提出的方法论。而在初级考试中，必考的剪映实操也只要求用提供的素材套用模板，快速生成短视频。当学生执行简单几步操作，就能看到成果时，或许更容易产生兴趣。当每个任务都能让学生感到有成果时，才可能更长久地保持兴趣。

本书在撰写方法上严格贯彻了 OBE（Outcome-Based Education）理念，将技能点融入具体任务中，每个任务按"任务描述—任务实施—任务反思—课堂练习"的固定框架呈现。在任务描述中给出真实任务情景，在任务实施中分析任务并按工作过程逐步解决问题，在任务反思中进行总结或举一反三，在课堂练习中巩固所学技能。应用这种简单框架写出的真实任务，能比较顺利地实现技能的迁移、固化与应用转化。

本书作者来自院校及企业一线，兼具才华与情怀，他们是北京市昌平职业学校的郑艳秋、方荣卫，阳江职业技术学院的张晓欣、陈新宇，河北雄安星群文化传媒有限公司的刘磊、苑瑞静，上海薇龙文化传播有限公司的汪露、方月，广州大洋教育科技股份有限公司的邓健宇、曾健青、林钜法、梁思蕾、祝睿，厦门易普道信息科技有限公司的陈善煜、张幼娥，赤峰火烈鸟文化传媒有限公司的李岩、孙颖。

本书在编写过程中，得到了抖音集团原数字学堂的有关领导、清华大学国家服务外包人力资源研究院的有关专家的关怀和指导，在此一并表示感谢！

本书配套有技能标准、考纲、PPT课件、视频课、样卷、练习题库及参考答案，还有仿真实训系统，部分是免费的，可以发 E-mail 至 chitty@phei.com.cn 向编辑索要。

受限于作者水平与时间精力，本书难免有不足甚至错误之处，恳请读者和专家不吝赐教。

本书软件界面、数据和功能操作对应的抖音版本为：桌面版 2024 年 5 月 9 日 v3.5.1.14417，移动版（Android 和 iOS 相同）v29.8.0。因抖音软件更新快，故很多内容可能与读者使用的最新版软件不符，请以最新版为准。

编　者

目 录
CONTENTS

项目一 账号管理 ·· 1
任务 1.1 注册"板娘说游"个人账号并认证 ···································· 2
任务 1.2 查看账号基本数据,了解其意义 ······································ 7
项目总结 ··· 16
项目练习 ··· 17

项目二 场景搭建 ·· 18
任务 2.1 手机直播基础设施及硬件准备 ·· 19
任务 2.2 数字媒体基础软件安装与配置 ·· 26
任务 2.3 情景类短视频场景搭建与布置 ·· 32
任务 2.4 通用直播间软装修 ··· 37
项目总结 ··· 44
项目练习 ··· 44

项目三 文案创意 ·· 46
任务 3.1 创意搜集与整理 ··· 47
任务 3.2 使用剪映完成短视频脚本的撰写 ····································· 56
项目总结 ··· 66
项目练习 ··· 66

项目四 图片拍摄与处理 ··· 68
任务 4.1 用智能手机拍摄一组图片 ·· 69
任务 4.2 用醒图制作视频封面 ·· 78
项目总结 ··· 89
项目练习 ··· 90

项目五 视频拍摄与剪辑 ··· 91
任务 5.1 非遗豆腐皮短视频拍摄前的准备 ····································· 92
任务 5.2 拍摄非遗豆腐皮短视频素材 ··· 96
任务 5.3 非遗豆腐皮短视频的后期制作 ·· 102
项目总结 ··· 110
项目练习 ··· 110

项目六　口播技术 ··· 112

　　任务 6.1　口播发音与表达训练 ·· 113
　　任务 6.2　旅游主播的基础口播话术训练 ·· 119
　　项目总结 ··· 125
　　项目练习 ··· 126

项目七　短视频运营 ··· 127

　　任务 7.1　上传一条短视频到抖音平台上 ·· 128
　　任务 7.2　推广短视频并回复粉丝评论 ·· 136
　　任务 7.3　查询短视频数据，判断视频表现 ·· 145
　　项目总结 ··· 151
　　项目练习 ··· 151

项目八　直播运营 ··· 153

　　任务 8.1　直播间创建和设备准备 ·· 154
　　任务 8.2　监测直播间，提升直播互动效果 ·· 159
　　任务 8.3　制作直播日复盘表 ··· 165
　　项目总结 ··· 169
　　项目练习 ··· 169

项目九　用户运营 ··· 171

　　任务 9.1　回关粉丝，链接更多用户 ··· 172
　　任务 9.2　创建社群并保持活跃 ·· 177
　　项目总结 ··· 182
　　项目练习 ··· 182

项目十　服务变现 ··· 184

　　任务 10.1　全面了解抖音平台变现模式 ·· 185
　　任务 10.2　探店任务选择与执行 ·· 194
　　任务 10.3　资金管理 ··· 204
　　项目总结 ··· 211
　　项目练习 ··· 211

项目一

账 号 管 理

学习目标

- 能查询平台规则，了解违禁和处罚相关规则。
- 能根据平台指引，完成账号注册与认证。
- 能根据账号定位，编辑账号基本资料。
- 能读懂账号基本数据，如赞、友、关、粉等。

任务1.1 注册"板娘说游"个人账号并认证

任务描述

小薇是位资深游戏玩家,游戏玩得又广又精,现打算入驻抖音平台,成为一名创作者,请帮助她完成下面的任务。

(1)准备一个未注册抖音账号的手机号,以及符合账号定位的昵称和头像。

(2)下载抖音App,根据指引完成账号注册。

(3)了解账号认证条件,为以后账号认证做准备。

(4)查询并了解平台违禁、处罚规则。

任务实施

本任务要求注册一个抖音账号,注册账号前需要了解准备哪些材料;在注册过程中要严格按照抖音账号注册规则进行,了解认证条件;注册成功后自行查询平台规则,避免账号违规被处罚。本任务可以分解为以下步骤:注册账号前的准备、注册账号、账号认证和查询平台规则、了解违禁和处罚相关规则、了解媒体行业重要法律法规。

1. 注册账号前的准备

注册账号前主要做以下准备。

(1)智能手机及手机号。手机号需已完成实名认证,且未注册过抖音账号。

图1-1 "板娘说游"头像

(2)账号昵称。提前想好抖音账号昵称,需符合账号定位,并满足平台规则。这里准备使用"板娘说游"作为账号昵称。

(3)账号头像。一张高清头像图片,符合账号定位,并满足平台规则,如图1-1所示。

(4)账号简介。一段文字,可以使用表情(emoji)符号,主要介绍你是谁、分享什么内容,以及更新频率等。这里准备填写:"游戏软萌妹子玩家,每天分享有趣的游戏视频。你想要我解说什么游戏,请在评论区告诉我"

2. 注册账号

(1)下载抖音App。打开手机应用商城,搜索"抖音",下载后根据提示完成安装。

(2)打开抖音App。第一次打开会弹窗询问"允许'抖音'使用无线数据?",可根据自身情况选择,一般选择"无线局域网与蜂窝网络",表示在无线局域网(WiFi)和移动网络(消耗手机流量)下都可以使用抖音。如果不希望抖音消耗手机流量,可以选择"仅限无线局域网"。接着会弹窗询问是否同意"个人信息保护指引"协议，点击"同意"即可正常使用抖音，如图1-2所示。

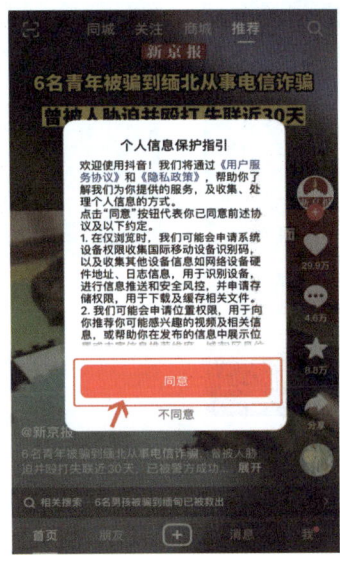

图1-2　弹窗询问

（3）点击右下角的"我"注册或登录抖音。登录方式共有7种：手机号短信验证码登录、密码登录、今日头条账号登录、Apple ID登录（仅限iOS系统）、QQ登录、微信登录、微博登录，这里使用手机号短信验证码登录。如图1-3所示。

（4）输入手机号，点击"验证并登录"，输入验证码后即可注册登录成功。

（5）设置账号昵称为"板娘说游"。点击"我"→"编辑资料"，进入如图1-4所示的页面，点击"名字"，输入"板娘说游"。昵称最长为20个字，建议控制在6个字以内，不要使用生僻字，要符合平台规则。昵称容易记住、容易被搜索是关键，最好在昵称中加入自己所在的领域，使人一看就知道这个账号内容所属的领域。抖音支持昵称30天内最多修改4次。

（6）设置账号头像。点击"点击更换头像"，将前面准备好的图片设置为头像。如果暂时没有满意的头像，也可以选择默认头像或临时自拍图片，待以后更改。

（7）填写简介。简介可以让大家更好地认识你。点击"简介"，将前面准备好的简介文字复制过来即可。

在"编辑资料"页面，还可继续完善性别、生日、所在地、学校、抖音号、主页背景等内容，在此不赘述。

 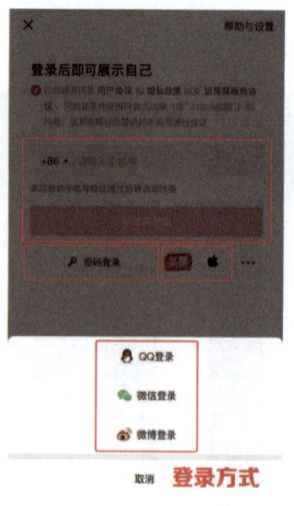 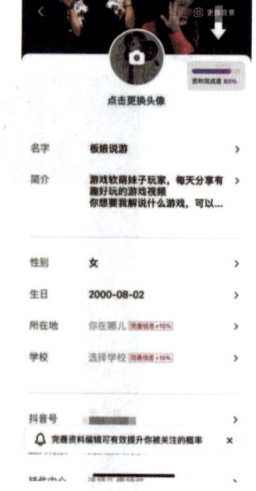

图 1-3　多种登录方式　　　　　　　　　图 1-4　"编辑资料"页面

3．账号认证

（1）抖音官方认证类型。目前，抖音官方认证有两种类型。

① 个人认证，包括职业认证和优质创作者认证，适用于优秀的个人创作者，如知名度较高的公众人物、领域专家和网络名人。因认证标识是黄色，故称黄V、金V或橙V。

② 组织认证，包括机构认证和企业认证，适用于各类社会组织。因认证标识是蓝色，故称蓝V。

显然，除了组织认证，抖音官方认证面向的主要是优质创作者，所以对于新账号"板娘说游"，暂时不能参与抖音官方认证。但可以通过个人认证为目标，争取早日成为认证"大V"。

（2）个人认证条件。抖音个人认证需要满足以下条件。

① 账号完成实名认证。

② 账号绑定实名认证手机号。

③ 账号近期无违规记录。

④ 账号近期发布作品数量大于指定数量，如个人优质创作者认证申请的基础条件是近30天发布视频大于3条。

⑤ 要求账号粉丝数量大于指定数量，如美妆类个人优质创作者认证申请的基础条件是大于1万粉丝。实际评审时，要求抖音粉丝超过50万人。

不同类型的博主对作品数量和粉丝数量的实际要求也不同。另外，达到基础认证条件的博主按规定提交申请材料后，也不一定能通过认证。总之，要达到金V标准，粉丝量是关键，而聚集粉丝，作品是关键。努力创作优质作品，为粉丝提供更多价值是每个希望获得金V认证的抖音创作者的追求。

（3）抖音官方认证。抖音官方认证的操作方法有以下 3 种。

方法一：打开抖音 App，依次点击"我"→右上角"三横线"按钮→"抖音创作者中心"→右上角"设置"→"官方认证"。

方法二：打开抖音 App，依次点击"我"→右上角"三横线"按钮→"设置"→"账号与安全"→"申请官方认证"。

方法三：进入任意一个已经认证过的达人主页，点击博主下的金 V 标识，在认证说明页点击"我也要认证"，如图 1-5 所示。

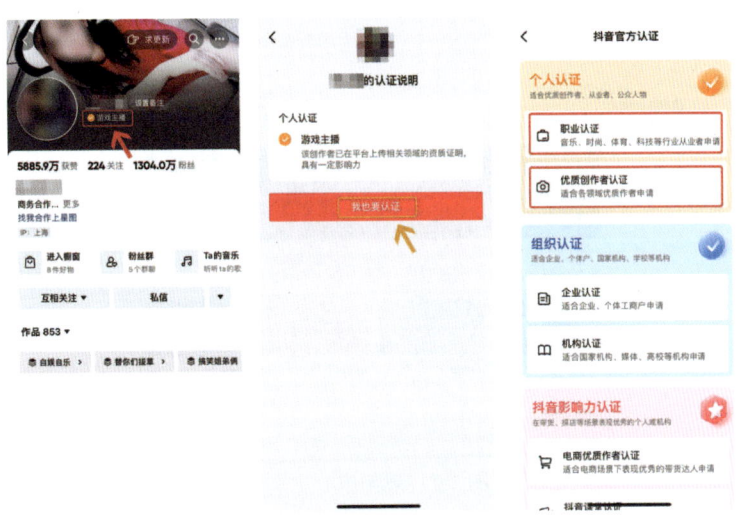

图 1-5　抖音官方认证方法三

用上面的方法进入"抖音官方认证"页面后，选择认证类型，根据提示操作和提交材料完成认证申请，审核通过后，即可获得相应的认证标识。

4．查询平台规则

在抖音平台运营账号，必须非常熟悉平台规则，且持续根据规则变化。否则，账号难以获取流量不说，还很容易出现违规，遭到处罚，甚至被禁用。

（1）手机端查询平台规则。因为规则的重要性，所以抖音平台有很多查询规则的入口，常用的有以下两种方法。

方法一：打开抖音 App，依次点击"我"→右上角"三横线"按钮→"抖音创作者中心"→"全部分类"→"规则中心"。

方法二：打开抖音 App，依次点击"我"→右上角"三横线"按钮→"设置"→"抖音规则中心"。

（2）电脑端查询平台规则，常用的有以下两种方法。

方法一：在浏览器中打开任意搜索引擎（如百度），搜索"抖音规则中心"，点击搜索结果中的"抖音社区自律公约 - 抖音规则中心"，如图 1-6 所示。

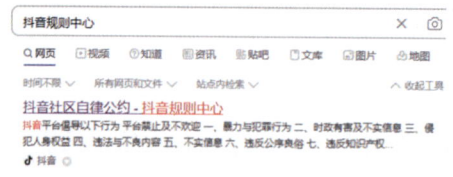

图1-6　在浏览器中搜索"抖音规则中心"

方法二：在浏览器的地址栏中输入抖音规则中心网址后按Enter键，即可进入规则中心主页，如图1-7所示。

图1-7　规则中心主页

5．了解违禁和处罚相关规则

抖音平台有严格的规则与制度，使用抖音的每个人都要遵守社区公约。

（1）账号封禁相关规则。

下面仅罗列可能导致账号封禁的相关规则类别。

① 涉嫌暴露隐私部位、不符合社区规范、传播贩卖色情类、涉嫌色情低俗类。

② 涉嫌易燃易爆物品及攻击器械类、涉嫌管理妨碍秩序、涉嫌封建迷信、涉嫌风险广告。

③ 涉嫌买卖账号、涉嫌侵犯他人隐私、涉嫌涉外劳务、涉嫌售卖海关罚没物品。

④ 涉嫌违规广告、涉嫌偷拍、涉嫌违规使用人民币、涉嫌作弊违规、涉嫌消费自然灾害。

以上这些规则都是必须了解的，请通过点击"抖音创作者中心"→"规则中心"查看详情。

（2）账号违规及处罚。

如果账号违反平台规则，将会面临被平台处罚，处罚结果如下。

① 系统删除违规视频。

② 该视频被限流，不会再推荐给任何人。

③ 影响该账号后续的视频推荐，可能会被判定账号违规。

④ 该账号禁止发布作品，在处罚期间不允许再上传任何视频。

⑤ 封禁账号，此账号作废。

⑥ 同样的问题不可以再犯第二次，第二次犯错系统就会加重处罚。

6. 了解数字媒体行业重要法律法规

数字媒体行业的重要法律法规罗列如下。

《中华人民共和国电子商务法》《中华人民共和国网络安全法》《未成年人网络保护条例》《互联网直播服务管理规定》《网络短视频内容审核标准细则（2021）》《网络音视频信息服务管理规定》。

以上都是数字媒体行业关联度极高的法律法规，请读者自行在网上搜索学习。

任务总结

在自媒体时代，人人都可以是创作者，但入门容易入行难，特别是要成为有影响力的创作者更难。在本任务中，我们注册了账号，这是成为自媒体创作者的第一步，今后要以金 V 为目标，严格遵守平台规则和相关法律法规，坚持学习自媒体运营相关技能，为目标受众持续创作优质内容，成就他人，实现自我价值。

课堂练习

请完成以下任务。
（1）下载抖音 App，根据指引完成账号注册。
（2）账号昵称。提前想好抖音账号昵称，需符合账号定位，并遵守平台规则。
（3）账号头像。一张高清头像图片，需符合账号定位，并遵守平台规则。
（4）账号简介。一段文字，可以使用表情符号，主要介绍你是谁、分享什么内容，以及更新频率等。

目标：让大家都记住你、认识你。

任务 1.2　查看账号基本数据，了解其意义

任务描述

"板娘说游"是抖音平台一名新入驻的创作者，通过一段时间的创作，已积累了一些粉丝，请帮助她完成下面的任务。
（1）查看粉丝数量，并了解粉丝数据。
（2）查看好友数量，并确认是否继续成为好友。
（3）查看赞赏数量，并了解赞赏的用处。
（4）查看互动数据，为以后账号运营奠定基础。

任务实施

在账号运营了一段时间，积累了一定数量的粉丝后，需要了解粉丝可以给创作者带来什

么，以及如何保护粉丝；同时，也要明白粉丝的互动数据对账号的重要性。本任务可以分解为以下几个要点讨论：粉丝的意义、查看粉丝数量、隐藏粉丝列表、查看好友数量、了解内测功能"视频赞赏"、点赞、收藏、评论和分享。

1. 粉丝的意义

粉丝是指某个用户关注了一个账号，那他/她即成为这个账号的粉丝。粉丝数量就是账号被关注的人数。抖音的推荐算法更倾向于将粉丝数量多的账号推荐给更多用户，为账号增加曝光量和影响力。

在某种程度上，抖音粉丝也是一种资产，可以为抖音创作者带来更多的商业机会。拥有大量粉丝的创作者更容易吸引品牌合作，获得更多商单；也可以通过抖音直播电商、短视频电商获得收益，或者获得粉丝打赏。

铁粉是指粉丝中支持力度更大的人，他们长期关注创作者的账号，经常欣赏创作者的作品，其完播、互动数据远高于平均水平。一般来说，铁粉在整体粉丝中的占比很低，但据统计，一半以上的付费行为是由铁粉贡献的，其付费率是其他类型粉丝的6倍以上。所以也可以说铁粉是账号变现价值最高的那部分粉丝。

2. 查看粉丝数量

（1）打开抖音App并登录账号。
（2）点击页面右下角的"我"。
（3）在个人资料页中，可以看到当前粉丝数量。
（4）点击粉丝数量，进入"粉丝"页面，可以查看账号的粉丝数量和粉丝列表，点击"铁粉"可以查看铁粉列表，如图1-8所示。

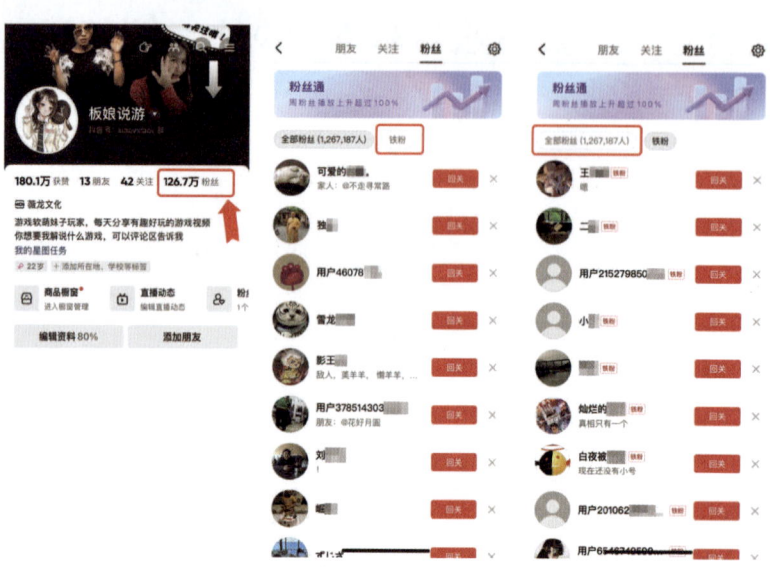

图1-8 查看粉丝数量的方法

3. 隐藏粉丝列表

正因为粉丝是创作者的"资产",所以要注意保护粉丝。可以在账号设置中选择隐藏粉丝列表,在这种情况下,其他用户只能看到该账号的粉丝数量,却无法查看粉丝列表。这样既保护了创作者自己的隐私,也减少了自己的粉丝被他人骚扰的几率。隐藏粉丝列表的方法如下。

(1)打开抖音 App 并登录,依次点击"我"→右上角"三横线"按钮→"设置"→"隐私设置"。

(2)在"关系与账号"面板找到"关注和粉丝列表",将其设置为"私密",如图 1-9 所示。

隐藏粉丝列表后,其他用户查看粉丝数量时,将会显示"由于该用户隐私设置,粉丝列表不可见"的提示,如图 1-10 所示。但这不影响自己查看和管理粉丝列表。如果想再次公开粉丝列表,只需要将"关注和粉丝列表"设置为"公开可见"即可。

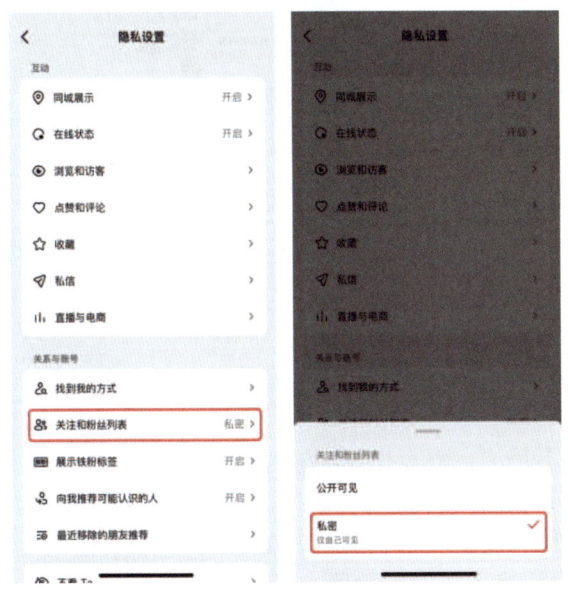
图 1-9 将粉丝列表设置为私密

图 1-10 系统提示粉丝列表不可见

4. 查看好友数量

抖音平台中的"好友"即互相关注的朋友,可以关注一些大 V 或者官方账号,如果你被他们反向关注,即与他们成为好友关系。一些有影响力的账号能为账号带来更多曝光,也是对账号的一种背书。

添加好友的方法有多种。例如,依次点击"我"→"添加朋友"→"通讯录",可以连接手机通讯录,通讯录中有抖音账号的人均可以添加好友;也可以在"推荐关注"页面查找和添加其他用户。更多添加好友的方法,请参考项目九用户运营部分。

查看好友数量的方法是:打开抖音 App 并登录账号,在底部导航栏中点击"我",在个人资料页面中，点击"朋友"。

在朋友页面中可以看到朋友列表。点击某个朋友后的"…"按钮可以对好友进行操作，如"设置备注名""设为密友""不让 Ta 看""不看 Ta""移除朋友""取消关注"等，如图 1-11 所示。

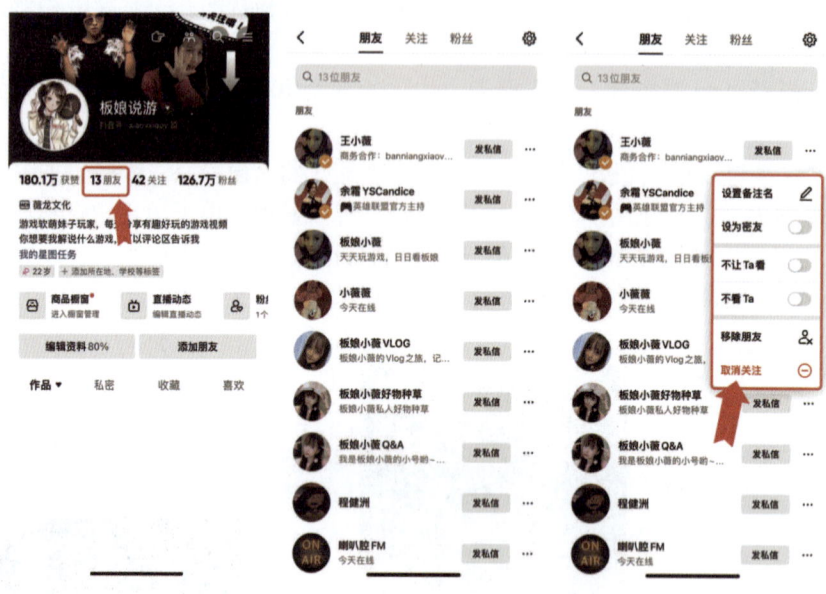

图 1-11　好友列表

5．了解内测功能"视频赞赏"

赞赏是抖音平台新推出的功能（注意不是"点赞"，而是类似直播间送礼的功能），平台通过站内信限量邀请符合开启条件的创作者试用，未获得邀请的用户不能使用赞赏功能。如果你是内测用户，可以通过赞赏功能，获得一些收入。显然，作为自媒体平台，这是一个重要的激励创作者产出优质内容的措施，故虽然还在内测阶段，但指示了抖音平台的发展方向，值得创作者关注。目前，赞赏视频的操作方法是：浏览视频时，长按视频或点击视频右下角的"分享"，然后在"推荐给朋友"面板中选择"赞赏视频"，如图 1-12 所示。

目前，赞赏分为 3 种级别：小小心意、大大爱意和超级喜欢。

其中，"小小心意"赞赏是免费的，每个用户每天能够获得 3 次免费"小花"（即小小心意），每日"小花"不累积，0 点清零后发放新一天的免费"小花"。

另外两种赞赏则需要用户消耗钻石，"大大爱意"赞赏需花费 6 钻石，"超级喜欢"赞赏需花费 66 钻石。

获得用户赞赏的视频作品将获得更多系统推荐，推荐力度根据视频内容质量、所获得的赞赏（钻石）数量等综合计算确定。

接受赞赏的视频必须是所有人公开可见的视频，如果视频可见范围发生改变，该视频的赞赏功能也将随之关闭。

项目一 / 账号管理

图 1-12　长按视频赞赏

以下视频不可接受赞赏。

① 转发视频、日常类视频。

② 搬运、盗用他人作品、商业推广属性视频（如包含商业广告或商业招揽信息等），不符合"抖音用户服务协议""抖音社区自律公约"及平台其他规则的视频。

创作者还可以关闭 / 开启单个视频的赞赏功能，或关闭 / 开启账号的赞赏功能（全部作品均不接受赞赏），相关功能设置页面如图 1-13 和图 1-14 所示。赞赏关闭后，将不会产生新的赞赏收益，已经产生的赞赏收益会正常结算。

图 1-13　关闭 / 开启单个视频的赞赏功能

11

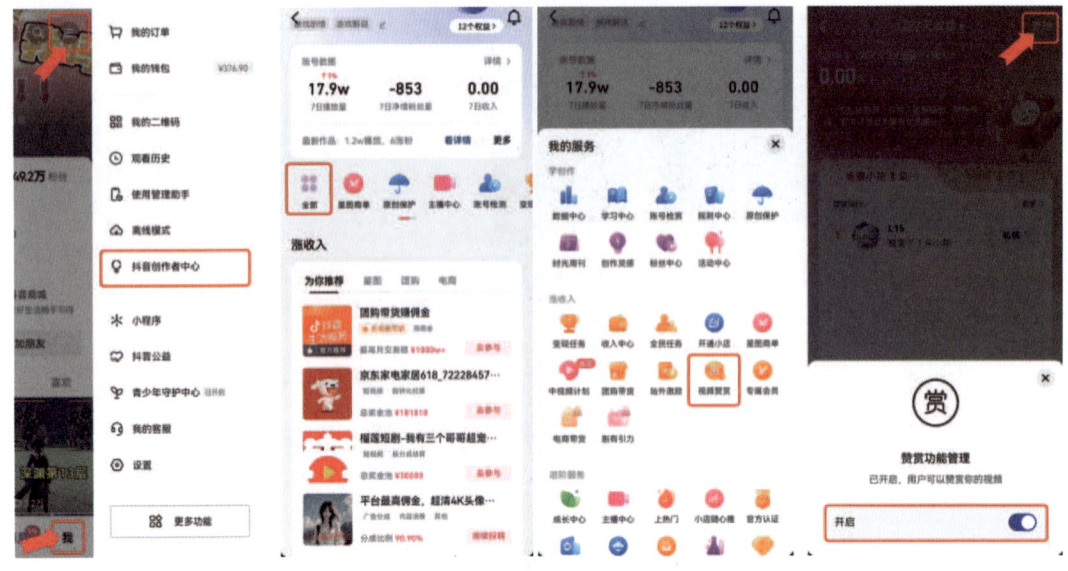

图 1-14　关闭/开启账号的赞赏功能

6. 点赞

抖音平台的互动行为主要包括点赞、评论、收藏和分享，互动功能按钮集中在屏幕右侧靠下的位置，方便右手用户操作，如图 1-15 所示。

点赞是一种用户对视频内容表示欣赏的互动行为。当用户观看视频时，如果觉得视频内容好，可以点击视频右下方心形的"点赞"，给视频点赞；再次点击"点赞"，则取消点赞。

图 1-15　抖音平台的互动功能按钮

点赞是 4 种常见互动中最简单的一种，故往往获得的数据量也是最大的，是其他 3 种互动数据的基础（没有高点赞，就没有高分享、高收藏和高评论）。

一般用点赞量作为互动数据的标识性指标，点赞量高的作品通常被定义为"爆款"，故在视频运营数据分析中，点赞量较其他 3 种互动数据更受重视。

作为重要的互动数据，点赞量越高，越能被系统推荐算法推荐，从而获得更多的曝光机会，而更多的曝光机会则意味着"流量"，进而影响"涨粉"量，以及"变现"量。

对于创作者而言，作品获得高点赞是其重要的创作动力。单个作品的点赞量和所有作品的总赞量都是创造者最关心的数据。

7. 收藏

收藏也是一种简单的用户互动行为。通过收藏，用户可以将自己喜欢的视频等添加到自己的收藏夹中，以便再次查看或分享给他人。

用户可以点击视频右下方的"收藏"完成收藏操作；再次点击"收藏"，则取消收藏。

抖音提供了多个默认收藏夹，方便用户分类管理收藏内容，包括视频、音乐、特效、话题、商品等，如图 1-16 所示。

用户也可以根据自己的需求，自定义不同的收藏夹，相关操作如下。

（1）打开抖音 App 并登录账号，依次点击"我"→"收藏"→"我的收藏夹"→"+创建收藏夹"，输入新建收藏夹名称，即可创建新的自定义收藏夹，如图 1-17 所示。可以根据自己的需求选择是否公开，公开后有机会被推荐，让更多人看到。

（2）创建完成后可以把已经收藏的视频添加进该收藏夹，如果没有合适的内容可以点击"取消"，后续再添加也可以。

（3）之后在浏览视频时，如果想收藏该视频，则点击"收藏"，点击弹出的"加入收藏夹"，可以把视频加入对应的收藏夹里。

（4）点击收藏夹名称可以管理该收藏夹，如添加视频、批量管理视频、修改名称、设置为公开、删除收藏夹等。

在具有海量内容的抖音平台上，没有被收藏的内容想要再找回来非常难，故收藏功能为用户提供了方便。作为重要的互动数据，作品的收藏量，也被系统推荐算法考虑在内，收藏量越多的视频作品，可获得更多的曝光机会。

图 1-16　系统默认收藏夹

图 1-17　自定义收藏夹

8．评论

评论是用户针对视频内容及创作者给出复杂反馈的互动行为。用户通过点击"评论"，进入评论区，发表自己的看法。评论可以是文字、表情、图片、视频等内容，也可以使用"@"符号，与其他用户进行互动。

（1）评论是创作者获得用户明确的意见和建议的主要来源，对创作者至关重要。它不是冷冰冰的数字，而是有温度的互动，如图 1-18 所示。

（2）创作者可以对评论进行多种操作，长按评论可以把评论分享给抖音好友，也可以分享到社交平台，以及对评论进行复制、举报、删除、设置/管理、私信回复、视频回复、搜索等操作，如图 1-19 所示。

（3）评论内容本身也可以互动，抖音平台支持的评论互动包括回复、赞和踩。获得大量赞的评论内容热门评论，俗称"热评"，如图 1-20 所示。

图 1-18　温暖的评论　　　　图 1-19　评论管理　　　　图 1-20　热门评论

① 热评可以让用户表达对视频内容的看法、观点和评论，这是用户交流和互动的重要方式之一。热评也可以增加曝光度，如果评论被其他用户赞同和回复，它很可能会被置顶显示在评论区的顶部，这样会让更多的人看到它，并有机会对评论进行回复和互动。

② 热评还可以增加关注度和粉丝量。通过撰写有趣、犀利或深思熟虑的热评，有机会吸引其他用户的注意力，并可能获得更多的关注度和粉丝量。

③ 热评也能影响他人的观点和决策。热评往往会引起其他用户的共鸣或反思，并可能影响他们对视频内容的看法。

④ 热评还可以制造趣味和娱乐效果。一些热评不仅仅是评论，还可以是幽默、搞笑或讽刺的元素，它们为观看视频的用户增添了一些趣味和娱乐。

需要注意的是，热评的作用是基于其在用户社交互动中的影响力和传播力。然而，热评的准确性、质量和社会影响力也是需要谨慎考虑的。

（4）因为评论是创作者与用户复杂互动的主阵地，故抖音平台对评论功能的监管也非常细致。例如，用户评论的字数有限制（500 字），禁止含有敏感、违法或涉黄等内容。使用抖音平台时，务必遵守以下评论规则，以确保用户社区的健康和积极性。

① 尊重他人。避免恶意攻击、辱骂、诽谤或歧视他人。尊重他人的观点和个人背景，保持礼貌和友善的沟通方式。

② 避免涉及敏感话题。避免在评论中讨论敏感话题，如种族、宗教、政治等。这些话题容易引发争议和冲突。

③ 不发布违法或不当内容。禁止发布涉及恶意软件、色情、暴力、虐待、仇恨、自残，或者其他违法、不当内容的评论。抖音平台有一套严格的内容审查机制，违反规定的评论将被删除。

④ 鼓励积极互动。评论应鼓励积极、有意义的互动。分享观点、提出问题或给予鼓励和支持会促进用户社区的友好氛围。

⑤ 不进行广告或垃圾评论。禁止发布广告、骚扰信息或无意义的评论。这些行为会对用户体验产生负面影响。

⑥ 不恶意刷屏。不要重复发布相同的评论或大量无关紧要的评论（俗称"灌水"）。这可能被视为恶意刷屏行为，对其他用户造成困扰。

⑦ 文明用语和拼写。使用文明的语言和正确的拼写，以提高评论的可读性。

抖音是一个互联网社交平台，评论是用户之间交流和互动的重要方式。通过遵守评论规则，我们可以共同营造一个友善、积极的用户社区环境。

9. 分享

分享是一种用户将自己欣赏的视频内容推荐给其他人的方式。用户可以通过点击视频右下方的"分享"，选择要分享的渠道，如微信、QQ、微博等，或者直接复制链接。此外，抖音平台还提供了一些特别的分享方式，如转发、好友赞赏、私信、群聊，以满足用户分享的需求。通过分享，实现了传播裂变，扩大了该视频的曝光量和创作者的影响力，是激发网络效应的基本工具。分享还可以促进抖音社交化的发展，让用户之间的联系更加密切。

分享视频的方法很简单，在浏览时遇到有趣好玩的视频想分享时，可以根据以下方法来操作，如图 1-21 所示。

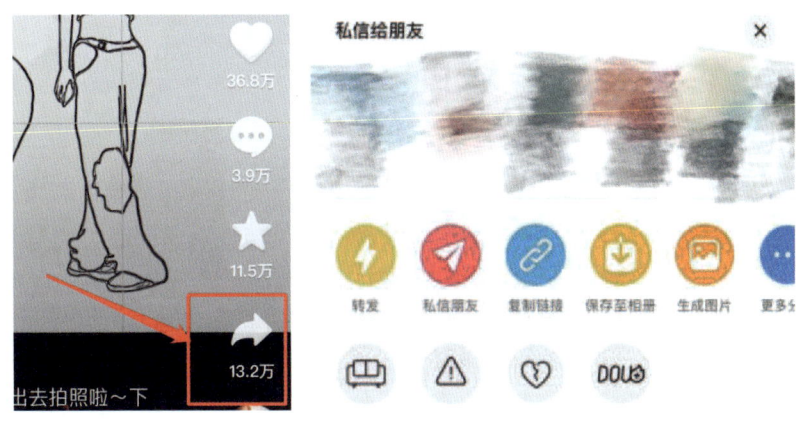

图 1-21　分享视频

4 种互动数据都表示用户对视频的认可，但对比而言，也有细微的差别，如表 1-1 所示。

表 1-1 四种互动数据对比

互动数据	差异化	举例
点赞	内容引发赞同、共鸣、共情	一名学生高考成绩很好，看到因考得很好而兴奋的视频后点赞
收藏	对用户有用、有价值	一名女生看到一条运动减肥的视频，果断收藏每日跟着锻炼
评论	内容有争议、冲突，引发用户参与的意愿	一个小伙看到一条关于结婚要不要彩礼的视频后，在评论区发表自己的观点
分享	内容有趣、和用户观点一致，被用户借用代言	一位妈妈看到一条关于全职妈妈不容易的视频后，转发给自己的老公

任务总结

抖音上的粉丝数量是非常重要的，其反映了一个创作者的受欢迎程度，是评估一个账号价值的主要参考指标之一。拥有大量粉丝可以帮助创作者获得更多点赞、评论和分享，进而增加其影响力和知名度，更有可能产生一定的商业价值，如参加品牌营销活动（商单）、获得赞助（打赏），或更大的电商变现价值等。

四项互动数据是账号运营的基础数据，具有很大的指示意义，是内容创作和运营的重要依据。

课堂练习

请学生查看自己账号的粉丝数量、好友数量和关键作品的四项互动数据，尝试列表记录作品的互动数据，并进行分析。

结合自己的账号定位及数据，搜索一条与自己账号定位类似的热点视频进行分享，并说明分享的理由及值得借鉴的地方。

项 目 总 结

通过学习平台规则、账号注册与认证，以及账号定位和基本资料编辑等知识点后，读者可以了解如何合规地运营账号，并准确地传达账号的定位与特点。同时，通过学习账号基本数据的读取，可以及时了解账号的情况，帮助我们更好地制定并优化方案。

在实际任务中，首先应该熟悉平台规则和违禁相关条款，以避免违反规定而受到处罚；其次要灵活运用平台指引，完成账号的注册和认证，确保账号的合法性和可信度；然后根据账号的定位和目标受众，精心编辑账号的基本资料，使其与粉丝的期望和需求相符；最后要掌握读取账号基本数据的方法，及时了解账号的运营情况，以便及时调整优化方案，保持账号的良好运营。

项目练习

1. 单项选择题

（1）在作品互动数据中，最直接影响系统推荐流量的是（　　）。
　　A. 评论量　　　　　　　　　　B. 点赞量
　　C. 分享量　　　　　　　　　　D. 收藏量

（2）抖音平台官方认证的类型不包括（　　）。
　　A. 个人认证　　　　　　　　　B. 组织认证
　　C. 达人认证　　　　　　　　　D. 抖音影响力认证

（3）抖音平台的规则一般在（　　）中进行查看。
　　A. 数据中心　　　　　　　　　B. 学习中心
　　C. 规则中心　　　　　　　　　D. 创作灵感

（4）抖音账号的粉丝数量就是账号被（　　）的人数。
　　A. 关注　　　　　　　　　　　B. 点赞
　　C. 分享　　　　　　　　　　　D. 评论

2. 不定项选择题

（1）用户与抖音短视频作品的互动方式包括（　　）。
　　A. 点赞　　　　　　　　　　　B. 评论
　　C. 分享　　　　　　　　　　　D. 收藏

（2）抖音个人认证需要满足的条件包括（　　）。
　　A. 账号完成实名认证　　　　　B. 账号绑定实名认证手机号
　　C. 账号近期无违规记录　　　　D. 账号近期发布视频数量大于指定数量

3. 判断题

（1）一个手机号只要完成实名认证，就可以注册多个抖音账号。　　　　（　　）

（2）新手达人可以将个人认证作为第一阶段的运营目标，满足认证的条件中，粉丝数量是关键，而粉丝数量提升的关键是作品，故新手达人首先应追求产出优质作品。　　（　　）

项目二

场景搭建

学习目标

- 能整合并调试以手机为中心的基础硬件设备。
- 能整合并安装配置基础数字媒体相关软件。
- 能在指导下参与视频拍摄布景。
- 能在指导下参与直播布景,执行简单的直播间装修。

项目二 / 场景搭建

任务 2.1　手机直播基础设施及硬件准备

任务描述

小薇常常使用手机进行直播，以便随时随地开播。但为了取得较好的效果，她通常使用固定的直播间。请完成下面的任务，帮助她搭建通用直播间。

（1）直播场地选择与装饰。
（2）选配手机及支架。
（3）选配音响设备，如音箱、麦克风等。
（4）选配灯光设备。
（5）网络配置。

任务实施

本任务要求搭建通用直播间，所谓通用直播间就是满足一般直播需求的直播间，无特殊设备设施要求，也可以理解为最简单的直播间。其中也会涉及场地选择及装饰、手机及支架、声光设备、网络设备等，需要用心搭建。本任务可以分解为以下步骤：直播场地选择与装饰、选配手机、选配手机支架、选配直播耳麦、选配直播音响、选配灯光设备和网络配置。

1. 直播场地选择与装饰

（1）场地选择：目前可以选择的场地有 8 平方米和 80 平方米两个，因为小薇一般是一个人进行直播，所以选择 8 平方米的小房间即可。

（2）配置设施：场地需配备必要的设备，如桌椅、窗帘等。同时，检查场地是否提供互联网连接和电源插座等基础设施。助理准备了两套不同风格的基础设备供小薇选择，如表 2-1 所示。

表 2-1　基础设备

设备名称	第一套设备	第二套设备
桌子		

续表

设备名称	第一套设备	第二套设备
椅子		
窗帘 （遮阳布）		

因为小薇是颜控又对设备要求较高，所以最终选择第二套设备来搭建直播间，搭建后的效果如图 2-1 所示。

（3）隔音处理。直播间搭建完成后，小薇在新直播间进行了几次直播，发现室内有回声干扰，室外有环境噪声，要求做隔音处理。常见的隔音材料有泡沫板、玻璃棉、岩棉、木棉、海绵等，这些材料可以将声波吸收，达到隔音的效果。我们在新直播间的墙壁、地板、天花板等地方加装了环保隔音棉，门上贴了隔音板，窗户选择双层隔音玻璃，有效地减少外界噪声的影响，提高直播的声音质量，效果如图 2-2 所示。

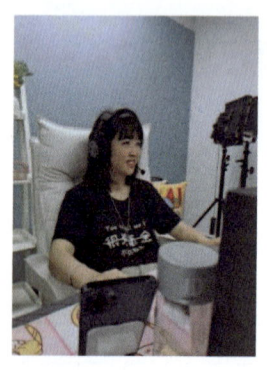

图 2-1　直播间基础设备

图 2-2　隔音处理后的直播间

2．选配手机

选配直播用手机时主要考虑以下因素。

（1）拍照及录像性能好。手机直播需要良好的拍照及录像性能，以保证直播画面清晰、稳定，并且色彩还原度高。有的手机会采用高品质的蔡司或徕卡镜头，并专门针对拍照和录像进行优化，如华为 P 系列手机，相对同档次的 nova 系列，能提供更好的直播画面。

（2）电池续航能力强。手机直播消耗电量较多，建议选择电池容量为 4000mAh 及以上，能维持 6 个小时以上的直播时长。目前这一因素对手机选配的影响越来越小，一方面符合续航能力要求的手机越来越普遍，另一方面直播时充电很方便，无论是插线、无线还是用移动充电宝，都能解决电量问题。

（3）网络连接稳定。手机直播需要网络连接稳定，建议选择支持 5G 网络的手机，因为 5G 网络的瞬时速度更快，网络延迟更低。

（4）操作系统稳定。

综上，小薇选定了手机品牌——苹果手机。接下来要选择手机的具体型号，不同型号的苹果手机直播效果如下。

（1）苹果 12：整体偏黄，对肤色、环境灯及补光灯有很高的要求，否则只能增加美白参数或滤镜来提升肤色和质感，同时清晰度会有所降低。

（2）苹果 13：整体偏红，对肤色、环境灯及补光灯的要求比苹果 12 更高，能调成冷色调的可能性很低，不推荐使用。

（3）苹果 XS Max：很多主播和运营推荐使用，原因在于其整体效果偏白，自带美颜功能，如果环境灯及补光灯配置得好，不用设置美白和磨皮，画面清晰度高，质感很好。

（4）苹果 15：整体清晰度好，但需要配备专业的灯光才能达到最好的效果。

最终，小薇选择使用苹果 XS Max 手机进行直播，能满足大部分直播场景。但苹果 XS Max 机型已停产，考虑到维修便利性，她最终决定购买苹果 15，如图 2-3 所示。

图 2-3　苹果 15 手机外观和主要参数

3．选配手机支架

使用手机支架可以解放主播双手，固定手机，让画面稳定。选配手机支架时需要考虑以下因素。

（1）适用场景。根据不同的使用场景选择不同的支架，手机直播最常用的是桌面型三脚直播支架。

（2）手机尺寸。选择适合直播手机尺寸的支架，手机支架既要方便夹持手机，又要夹持得稳定。

（3）支架材质。选择耐用、舒适、易于清洁的材质，通常为塑料材质，性价比高。

（4）可调节性。手机支架要3个维度可调，便于调整手机摄像头与人脸的相对位置。

（5）其他。有的支架自带补光灯，还要看手机支架的做工精细度等。

综上，小薇选择如图2-4所示的桌面型三脚直播支架，自带补光灯。

图2-4 自带补光灯的手机支架

4．选配直播耳麦

手机直播时使用耳麦，可以扩大主播活动范围，减少环境噪声干扰，改善语音质量。常见的手机直播耳麦有以下几种。

（1）有线耳麦。有线耳麦一般插在手机的耳机接口，采用线控方式控制音量和接听电话，一般比较便宜，适合日常的直播使用，缺点是需要与手机连接，主播活动范围较小。

（2）无线蓝牙耳麦。采用蓝牙通信技术的无线耳麦，方便快捷，主播的活动范围大幅提升，缺点是续航时间受限，容易导致续航焦虑，其连接稳定性较有线耳麦和无线射频耳麦都差，延迟也较大，传输距离较无线射频耳麦小（一般在10米左右）。

（3）无线射频耳麦。采用2.4GHz或5GHz频段无线传输技术的无线射频耳麦，音质和连接稳定性较好，传输距离大（可以达到30米以上），适合专业直播用户，但价格相对较高，需要专用射频接收器配对使用，较蓝牙耳麦烦琐。

考虑到小薇对直播空间要求较高，直播时动作幅度大，故不选用有线耳麦。作为播音与主持专业出身的主播，对音质要求较高，另有拍摄短视频时的环境音采集需求，因此最终选择了罗德品牌的Wireless Go II型无线射频耳麦，可以满足大部分拍摄、直播等需求，如图2-5所示。

但这款耳麦价格昂贵，不推荐入门者使用。对于入门者，可以根据自身喜好选择，无特殊要求。

项目二 / 场景搭建

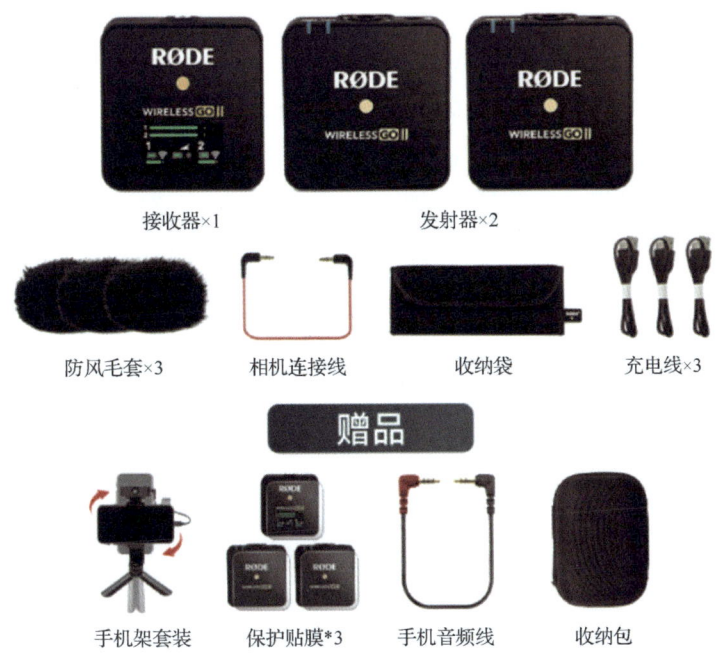

图 2-5 罗德 Wireless Go II 型无线射频耳麦官方标配

因手机选择了苹果手机，而苹果手机的接口比较特别，通常要考虑单独配置转接器。

（1）接口不够时使用转接器。入门者如果选用苹果手机，直播时使用苹果有线耳麦即可，不用特意准备无线耳麦。手机直播常常需要边充电边播，但耳机接口和充电接口是一个，故会出现接口不够的问题。因此需要选购转接器扩展出一个 Lightning 接口，如图 2-6 所示。

（2）接口类型不匹配时使用转接器。苹果手机通常不附赠耳机，如果配置的耳机接口类型是 3.5mm TRS（普通圆孔接口），则需要选购如图 2-7 所示的转接器，通过转接，一个手机 Lightning 接口可扩展成 Lightning 接口 +3.5mm TRS 接口，满足了边充电边播的需求。

图 2-6 两个 Lightning 接口转接器

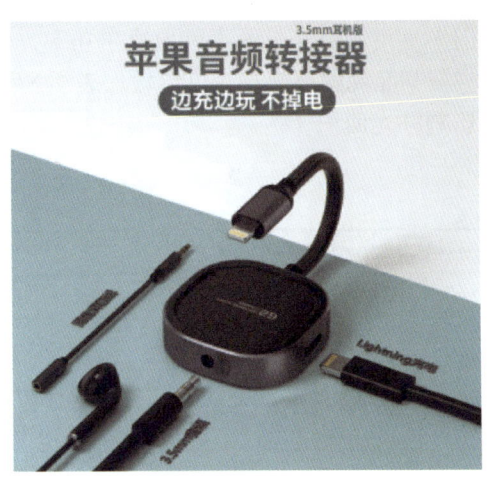

图 2-7 Lightning 接口 +3.5mm TRS 接口转接器

23

5．选配直播音响

一般在娱乐类直播中，会需要音响来营造氛围，选配音响时需注意以下事项。

（1）选择合适的音响设备。根据需求和预算选择合适的音响设备，包括扬声器、音响放大器、混音器等。考虑房间大小和预计的听众规模来确定音响设备的功率和规格。

（2）安装和放置音响设备。将音响设备正确地安装在直播间中，确保扬声器位置合理，以获得最佳的声音效果。一定要避免音响设备与话筒之间的反馈回路，减少回音干扰。

（3）调整音响设置。根据直播的需要，调整音响设备的参数，如音量、音调、均衡器等，以达到最佳的声音效果。

（4）音响维护和保养。定期检查和清洁音响设备，确保其正常运行和发挥最佳效果。注意保持音响设备良好的通风，避免过热造成损坏。

（5）注意音量控制。在直播过程中要注意音响音量的控制，避免声音过大，对听众或自己造成不适或损伤。

由于小薇的直播间较小，对音响的需求不大，无须购买音响设备。

6．选配灯光设备

常见的直播光源有以下几种。

（1）自然光。如果白天在室外直播，一般把自然光作为主光源。但在直播间，自然光相对较弱，且光线强度不断发生变化，故在装备直播间时，常常会屏蔽自然光，完全用灯光照明。

（2）LED 灯。可以选择专业摄影灯或视频灯，它们提供均匀、稳定的光照效果。LED 灯的亮度和色温可调节，在直播间应用最多。

（3）荧光灯。荧光灯提供柔和的光照效果，可以在直播间中使用。但其寿命短，老化快，在日用照明中的应用越来越少，在直播间的应用也逐渐减少。

手机直播间通常用场地照明灯作为主光源，用 LED 灯进行必要的环形补光。选配补光灯时需注意以下参数。

（1）亮度。补光灯的亮度取决于功率，因为是补光，一般功率应小于主光源，否则会破坏质感。某品牌的环形补光灯参数如表 2-2 所示，其中，灯珠数量影响补光灯的光照均匀度，尺寸影响补光面积。

表 2-2　某品牌的环形补光灯参数

补光灯参数	A 款	B 款	C 款	D 款
尺寸（直径）	26cm	35cm	26cm	35cm
电压	5V	5V	24V	24V
电流	1～2A	1～2A	1A	1A
功率	9W max	10W max	18W max	22W max
色温	3000～6500K	3000～6500K	3000～6500K	3000～6500K
灯珠数量	120 颗	162 颗	120 颗	162 颗

（2）色温。光的色温通常分为冷光、自然光和暖光 3 种，不同色温下画面效果的对比如图 2-8 所示。按照我国的国标，2700K ~ 3000K 属于暖光，3500K ~ 4200K 属于自然光，5000K ~ 6400K 属于冷光。暖光一般适用于美食类型的直播间，自然光适用于美甲、绘画等类型的直播间，冷光调适用于珠宝、玉器、化妆品等类型的直播间。

（a）冷光　　　（b）自然光　　　（c）暖光

图 2-8　不同色温下画面效果的对比

小薇的直播间主光源照明效果较好（光线强度足够），选择补光灯主要是为了减少面部暗影，表 2-2 中列出的 4 款补光灯的色温均可调，小薇选择了 B 款。在使用时，应根据具体情况调节补光灯。

（1）与手机的距离。环形补光灯一般放在手机斜侧方，或者让手机摄像头位于环形补光灯圆心位置。灯距离手机较近时，可以提供更强的光照效果，但可能会造成过度曝光或阴影；灯距离手机较远时，可以获得柔和的光照效果，但会降低亮度。故应根据需要的效果调节距离。

（2）亮度调节。补光灯通常具有亮度可调节的功能，但受最大功率制约。如果环境较暗，可以增加亮度；如果环境较亮，可以降低亮度。

（3）色温调节。一些补光灯具有色温调节的功能，可以根据需要选择合适的色温。如果需要温暖的氛围，可以选择较低的色温；如果需要自然光效果，可以选择接近自然光的色温。

总之，补光灯的具体使用可以根据拍摄环境、实际需求和个人喜好进行调整，以获得理想的光照效果。

7．手机直播的网络配置

手机直播的网络配置和电脑直播没区别，主要考虑以下几个方面。

（1）网络类型。手机直播使用移动网络或 WiFi 网络。如果使用 WiFi 网络，需要注意选择宽带运营商和网络设备。小薇使用华为 WiFi6 AX3 Pro 型路由器，如图 2-9 所示，实践证明，其综合性能很好。如果使用移动网络，则至少需手机 4G 移动数据网络支持，同时要注意有充足的流量，在 4G 的环境下，1 小时直播需要消耗 500MB ~ 1GB 的流量。

图 2-9　华为 WiFi6 AX3 Pro 型路由器

（2）带宽。手机直播需要消耗一定的上传带宽，带宽不足将导致严重卡顿、延时，影响直播效果。一般上行速率不低于1Mbit/s，这可以保证在标清画质下直播。对于高清直播，上行速率需在5Mbit/s以上。故如果使用WiFi网络，向宽带运营商购买的宽带应在共享100Mbit/s以上。当前，百兆共享宽带的网线通常配置铜缆，不配光纤，速度会严重受限，达不到稳定的传输质量，所以小薇选择了500Mbit/s宽带，要求"光纤到桌面"。

（3）延迟。手机直播的延迟自动控制在2～10秒，会根据相应的带宽、下行速率、上行速率和手机性能等来自动判定延迟时间。故这个参数和全套系统配置有关，不必单独考虑，只是在直播时，主播需要知道有延时存在，特别是互动时，要学会等待延时。

图2-10　直播间的整体效果

（4）运营商。不同运营商在不同区域的网络质量（特别是稳定性）有差异，在北方地区通常用移动或联通，在南方地区，通常用电信。小薇处于南方地区，所以选择了电信运营商。

除了以上设施设备，还可以根据需要补充，待直播间其他设施设备齐全后，需将各种设备正确连接，然后开机试运行，各设备的连接可参考说明书完成。小薇的直播间的整体效果如图2-10所示。

任务总结

实践中，不同类型的直播间所需的设施设备不同，本任务展示了手机通用直播间的搭建过程，主要涉及场地选择与装饰，设施设备包括手机及支架、声光设备（含音响、耳麦、灯光）和网络设备。

通过本任务，大家能够体会到直播间的搭建与直播需求紧密相关。

课堂练习

请根据你的直播需求，在宿舍、家里或其他方便的场所搭建自己的直播间，要求如下。

（1）明确写出直播需求。根据需求选定场地后，写出设施设备清单（不具体到型号）。

（2）利用互联网完成设备选型（具体到型号）。在选型过程中，了解各种设备的技术参数及作用。

（3）将选定的各种设备正确连接，开机测试，确保正常工作后，拍摄直播间的整体效果图。在学习小组内分享搭建中遇到的困难和解决方案。

任务2.2　数字媒体基础软件安装与配置

任务描述

板娘说游账号已入驻抖音平台一段时间了，现需要下载一些应用软件来帮助主播小薇日常创作，请根据以下要求帮助她完成任务。

（1）下载并安装剪映、醒图、图虫、词多多提词器等软件。
（2）统一使用抖音账号注册、登录软件。
（3）运行软件，进行必要的设置。

任务实施

手机抖音 App 的下载安装及账号注册、基本资料设置，已在任务 1.1 中详细介绍了，这里不再重复。由于词多多提词器不支持抖音账号注册，直接用手机号注册即可。本任务涉及的其他软件请统一使用抖音账号注册并登录。统一登录有利于资源共享，提高创作效率。

1. 剪映

剪映是抖音官方推出的一款手机视频剪辑应用软件，其功能全面，有丰富的视听资源，能与抖音平台完美融合，故受到创作者的青睐。自 2021 年 2 月起，剪映支持在手机移动端、平板电脑端、Mac 电脑端和 Windows 电脑端等全终端使用。

（1）剪映安装及登录。
① 打开手机里的应用商店程序。
② 在搜索栏中输入关键词"剪映"。
③ 点击搜索结果中的"剪映 - 视频剪辑编辑神器"，进入详细信息页面。
④ 点击"获取"和"安装"。
⑤ 等待下载和安装完成。
⑥ 安装完成后，打开剪映应用软件，勾选"已阅读并同意剪映用户协议和剪映隐私政策"，依次点击"抖音登录"→"同意授权"，即可用抖音账号登录剪映，如图 2-11 所示。

图 2-11　使用抖音账号登录剪映

（2）剪映基础设置。

① 项目设置。在创建新项目时，可以设置项目的名称和分辨率。根据需求选择适当的分辨率，如高清（1080p）或标准（720p）。

② 视频导入。在项目中导入视频素材，可以从相册中选择视频文件，也可以直接从剪映的内置媒体库中选择。

③ 视频剪辑。在剪映中对导入的视频进行剪辑和编辑，可以调整视频的长度、切换顺序、添加特效，以及应用过渡效果等。

④ 文本编辑。在剪映中可以在视频中添加文本，方法为：选择文本工具，输入文字，选择字体、颜色和样式。

⑤ 特效与过渡。剪映提供了一些预设的特效和过渡效果，可以应用于视频剪辑中。选择合适的特效可以增强视频的视觉效果，使用过渡效果可以平滑切换不同的视频片段。

⑥ 音频编辑。在剪映中可以添加音乐、调整音量，以及进行音频剪辑，可以从剪映的音乐库中选择背景音乐，也可以导入音频文件。

⑦ 视频调整。在剪映中可以调整视频的亮度、对比度、饱和度等参数，以获得更好的视觉效果，也可以对视频进行旋转、裁剪和镜像处理。

⑧ 输出与导出。完成视频编辑后，可以选择将视频导出为最终文件。剪映提供了不同分辨率和导出格式的选项，根据需要选择相应的设置，常规是30帧率（追求高质量的可选择60帧率）。

⑨ 保存与分享。导出完成后，可以选择保存视频到相册中，或者直接分享到社交媒体平台，如抖音、微信等。

以上是剪映的基础设置，可以根据需要自定义设置。

2．醒图

醒图是一款操作简单、功能强大的修图应用软件，拥有人像、滤镜、编辑和创作等板块，支持美颜、美妆、面部重塑、瘦脸瘦身、美体、五官立体、全脸立体等功能，能够实现精准细节调整、个性化微调，一站式满足修图需求。

（1）醒图安装及登录。

① 打开手机里的应用商店程序。

② 搜索栏中输入关键词"醒图"。

③ 点击搜索结果中的"醒图—修出高级美"，进入详细信息页面。

④ 点击"获取"和"安装"。

⑤ 等待下载和安装完成。

⑥ 安装完成后，打开醒图应用软件，勾选"已阅读并同意用户协议和隐私协议以及运营商服务条款"，选择"通过抖音登录"，根据提示操作即可登录醒图，如图2-12所示。

（2）醒图基础设置。

① 打开醒图应用软件，点击"修图"，进入"修图"页面。

② 在"修图"页面中，点击屏幕左上角的"三横线"，进入"设置"页面。

③ 在"设置"页面中，可以进行以下基础设置。

- 语言：选择需要的语言，如中文、英文等。
- 酷炫特效：选择是否开启酷炫特效。
- 画质优化：选择是否开启画质优化功能。
- 声音提示：选择是否开启剪辑、保存等操作的声音提示。
- 云同步：选择是否开启云同步功能，此功能需要先在醒图内注册并登录账号。
- 自动保存：选择是否开启自动保存功能。

④ 完成设置后，点击页面右上角的"保存"即可。

需要注意的是，醒图应用还处在发展阶段，一些功能可能因版本不同而略有不同。如果希望获得更好的使用体验，可以在线升级到最新版，然后根据需要进行自定义设置。

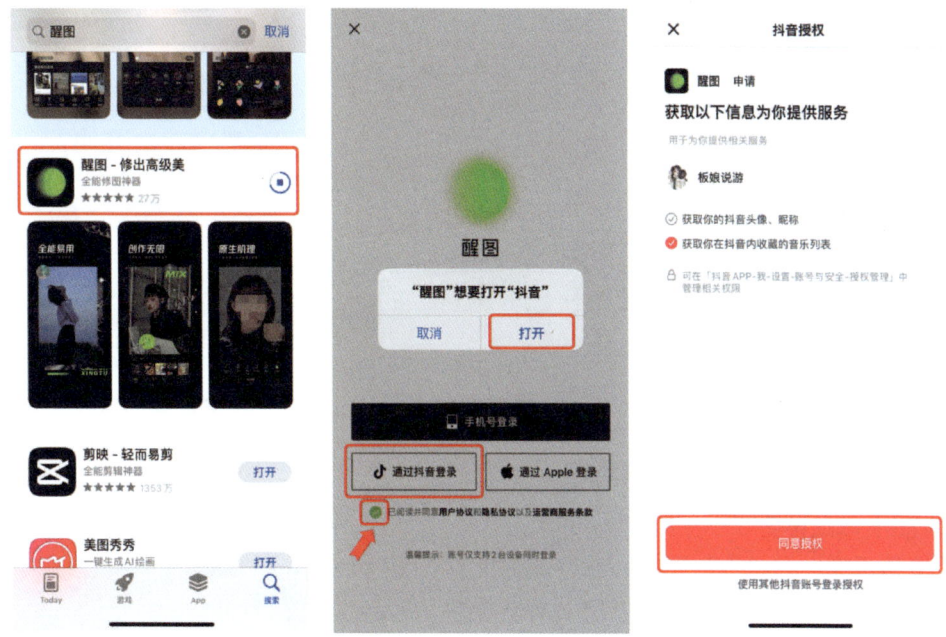

图 2-12　使用抖音账号登录醒图

3. 图虫

图虫是字节跳动旗下的应用软件，分为图虫社区、图虫创意、图虫 Premium 三个产品。图虫创意拥有在库图片 4.6 亿张，高清视频超 2000 万条，结合智能算法技术优势，致力于为用户提供正版素材及数字资产管理解决方案。图虫创意是 Adobe Stock 在中国的独家合作伙伴，拥有 EyeEm、TongRo、Pond5 等视觉版权资源。

（1）图虫安装及登录。

① 打开手机里的应用商店程序。

② 在搜索栏中输入关键词"图虫"。

③ 点击搜索结果中的"图虫 - 摄影师交流、学习、变现社区"，进入详细信息页面。

④ 点击"获取"和"安装"。

⑤ 等待下载和安装完成。

⑥ 安装完成后，打开图虫应用软件，勾选"我已阅读并同意用户协议和隐私政策"，选择通过抖音账号登录，即可跳转至抖音授权页面，绑定抖音账号，如图2-13所示。

⑦ 输入在抖音账号平台绑定的手机号码，进行短信验证，即可完成图虫登录。

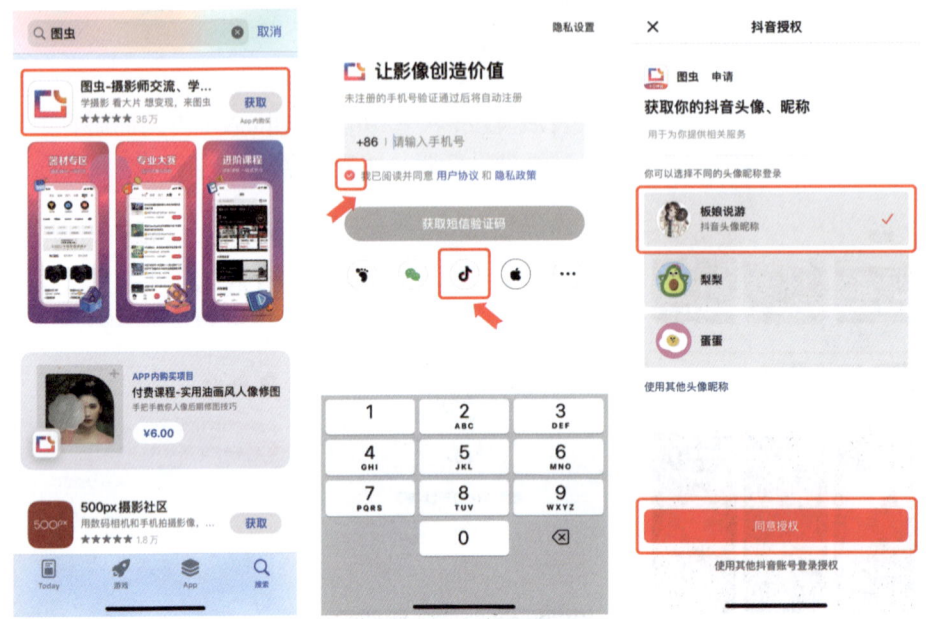

图2-13　使用抖音账号登录图虫

（2）图虫基础设置。

① 上传设置，包括上传图片、设置图片信息、图片管理等。

② 其他设置，包括个人信息修改、清空缓存、退出登录等。

4．词多多提词器

直播中常用的提词工具是词多多提词器，它提供多种文本编辑和展示功能，主要用于在直播中给主播提示台词。具体功能如下。

① 可以设置字体、颜色、背景、动画等，展示精美的台词。

② 支持多种媒体格式，包括图片、视频、音频等，满足不同应用场景需要。

③ 提供多种展示方式，包括定时轮播、滚动、手动翻页等。

④ 管理台词资源，主播可以根据需求分类管理台词，便于在后续的直播中快速复用。

（1）词多多提词器安装及登录。

① 打开手机里的应用商店程序。

② 在搜索栏中输入关键词"词多多提词器"。

③ 点击搜索结果中的"词多多提词器 - 精选台词，万能悬浮"，进入详细信息页面。

④ 点击"获取"和"安装"。

⑤ 等待下载和安装完成。
⑥ 安装完成后，打开词多多提词器应用软件，点击"注册并登录"。
⑦ 输入在抖音平台绑定的手机号，进行短信验证码验证，即可完成注册并登录，如图 2-14 所示。

图 2-14 词多多提词器的安装与登录

（2）词多多提词器基础设置。
① 文字设置：包括字体大小、字体颜色、行间距、对齐方式等。
② 背景设置：包括背景颜色、背景透明度等。
③ 其他功能：从视频或音频中导入文本可以轻松获得台词文本，连接遥控器、开启悬浮窗口可以让提词操作更便捷，创建新台本和台本夹，可以分类管理台本。

5．统一软件注册账号

统一软件注册账号就是在不同应用软件中使用相同账号（昵称、密码、绑定手机号等）。例如，使用抖音账号登录剪映、醒图、图虫等软件。统一账号的意义如下。

（1）账号管理。通过统一账号，用户可以管理各种应用软件的账号信息，不必记忆多个账号。

（2）交叉调用。很多应用软件之间可以交叉调用，如在抖音中调用剪映、在剪映中向抖音提交作品、在剪映中调用醒图等，统一账号后，应用软件的交叉调用更便利。

（3）数据同步。例如，用剪映制作的作品可以发布到统一账号下，保持作品创作与传播数据同步；而在用剪映创作时，也会因抖音账号标签，获得比较精准的个性化模板推荐，提升创作效率。

（4）在深度捆绑的应用软件间，有时必须统一账号才能正常工作。例如，直播中可能用到抖音、直播伴侣、巨量百应、巨量千川等，要让这些应用软件协同工作，必须使用抖音账号统一登录，否则无法完成协同。

基于上述原因，推荐创作者使用字节跳动旗下的应用软件，并统一使用一个账号登录各应用软件，相信大家能越来越体会到统一账号的好处。

任务总结

随着技术的进步，成为自媒体创作者的门槛不断降低，视频剪辑、图片处理软件的易用性已大幅提高。在本任务中，我们了解了抖音、剪映、醒图、图虫及词多多题词器应用软件的安装及基础设置，这是自媒体创作者创作的必要准备工作。

课堂练习

请你在自己的手机上安装本任务涉及的各种应用软件，并完成以下任务。
（1）使用抖音账号登录各应用软件。
（2）试用剪映剪辑一条短视频，用醒图制作一张图片，用词多多提词器创建新台本并导入文本。

在遇到困难时，通过软件帮助功能或与学习小组成员一起讨论解决。

任务 2.3　情景类短视频场景搭建与布置

任务描述

小薇拟尝试拍摄日常生活类情景剧，近期高考是热点，她准备创作一条与高考相关的情景剧，分镜头脚本如表 2-3 所示。

表 2-3　分镜头脚本

主题	当你高考完和家里人说考得很差		
前期准备	人物：考生、爸爸、妈妈、爷爷、奶奶 道具：待定 场景：室内、半室内（阳台）		
镜号	画面	台词	拍摄要求
1	儿子在查成绩	我这次考试完蛋了，边牧考得都比我强	学生造型
2	爷爷手里拿个杯子，一脸震惊地说	什么？钞票丢到黄浦江里面也能听个响，丢到你身上啥都没有	上海阿爷造型
3	奶奶一脸心疼地说	你讲他干什么呀，考都考完了，还能把他怎么样呢，乖孙，别太有压力了啊，奶奶永远支持你	上海阿婆造型

续表

镜号	画面	台词	拍摄要求
4	爸爸一脸严肃地说	那你暑假去考个驾照吧，找点事情做	上海叔叔造型
5	妈妈直接伸手拦住	考什么考，刚考完又考，妈妈给你转了点钱，暑假和你同学一起出去玩玩散散心，好吧/吗	上海阿姨造型

请协助小薇完成以下任务。
（1）根据分镜头脚本进行视频的基础布景。
（2）对拍摄场景的机位、声光设备、道具等进行必要的准备。
（3）快速试拍检查布景。

任务实施

短视频拍摄需要合理的布景，本任务在了解布景知识的基础上，通过完成各分镜头的场景搭建、拍摄机位与声光设备的配合等，学习视频拍摄场景搭建与布景的有关技能。本任务可以分解为以下步骤：布景设计、声光设备布置、其他设备与道具准备、快速试拍检查布景。

1. 布景设计

（1）主场景选择。

根据拍摄脚本，应选择明亮、舒适的居家环境作为主场景拍摄素材。布景的主要任务是还原居家环境，让观看者有代入感。但真实的居家环境常常存在以下问题。

① 杂物很多，使画面混乱，容易失焦。
② 采光不好，拍摄的画面暗，影响观看体验。

故在布景过程中，应注意规避上述问题，尽量搭建舒适、明亮的居家环境，让观众获得比较好的观看体验。

（2）汇总分镜头场景。

细致理解、分析分镜头脚本，构思拍摄场景，并汇总场景。从给出的脚本可见，需要至少3个分镜头场景，如表2-4所示。

表 2-4 视频分镜头场景

镜号	分镜头场景	拍摄主体	道具/布景需求
1	书房	学生	电脑桌（学生使用电脑查分），纯色淡色系墙面或书柜背景，布景不遮挡主体
2	阳台	爷爷	花盆（爷爷手里捧着），种植花卉的阳台
3	客厅	奶奶	客厅常见的设施设备，如沙发、电视机等
4		爸爸	
5		妈妈	

（3）机位、景别、构图与运镜设计。

为保障画面稳定，镜头切换时主体的一致性，5个镜头都采用固定机位，中近景拍摄。固定机位后，如果各分镜头均用相同构图和固定镜头，视频会比较枯燥，故采用不同的画面构图，并配合运动镜头拍摄。该任务用到的构图+运镜产生的拍摄效果如表2-5所示。有关构图和运镜的知识将在《自媒体运营（中级）》（为证书名）详细介绍，在此不赘述。

表2-5 构图+运镜产生的拍摄效果

镜号	构图	运镜	拍摄效果
1	中心构图	俯视环绕主体拍摄	主体突出、聚焦，同时交代环境气氛
2	三等分（九宫格）构图	拍摄主体在视频画幅的三分之一处，推镜头	突出拍摄主体，并可让观众产生舒适和平衡的感觉
3～5	对称式构图	人物居中或为辐射中心点，拉/推镜头	增加拍摄艺术感，区分单一而乏味的镜头

根据上述设计，在拍摄场地搭建出3个分镜头场景，但还不能马上执行拍摄任务，需要考虑声音、光照及其他注意事项。

2．声光设备布置

（1）声音设备。

视频中主要有人声、环境声、背景音乐及音效。其中，剧情类视频的主体声音是人声，环境声依需求确定是否收音，除了特别情况，多数会去除环境声。而背景音乐和音效均在后期处理时再考虑，拍摄时不涉及收音。

本任务不需要环境声，因拍摄场景的环境噪声小，手机收音即可满足需求，故不用考虑收声设备。为防万一，可以在拍摄时携带罗德无线领夹麦备用。

（2）灯光及其设备布置。

因拍摄场景涉及半室内环境（阳台）和室内环境，而两种场景的自然光强度不同，故需要考虑人工布光。

主光源强度普遍较高，不可避免地会让拍摄主体产生暗部或阴影，此时需要增加辅助光源。辅助光源的强度一般弱于主光源。辅助光源的种类有很多，作用也不同。例如，直播中的环形补光灯就是典型的辅助光源，其任务是使主播的面部细节清晰，无阴影。在用绿幕实现的虚拟直播间，通常会在主播侧后方放置轮廓灯，能使主播抠像轮廓更清晰，减少模糊的边缘，也能使主播与背景分离，产生层次感，从而突出主体。补光灯常用面光源或线光源，反光板也视为补光灯的一种，如图2-17和图2-18所示。

图 2-17　补光灯　　　　　　　　　　　　图 2-18　反光板

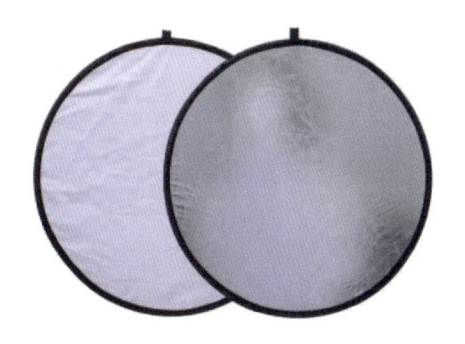

本任务选择自然光强度较大时拍摄，只需要准备便携式光棒和反光板即可满足需求。

（3）灯光调节。

实际拍摄时，可使用测光仪（照度计）测试光线强度，减少调节灯光强度的次数，提升调光效率，如图 2-19 所示。

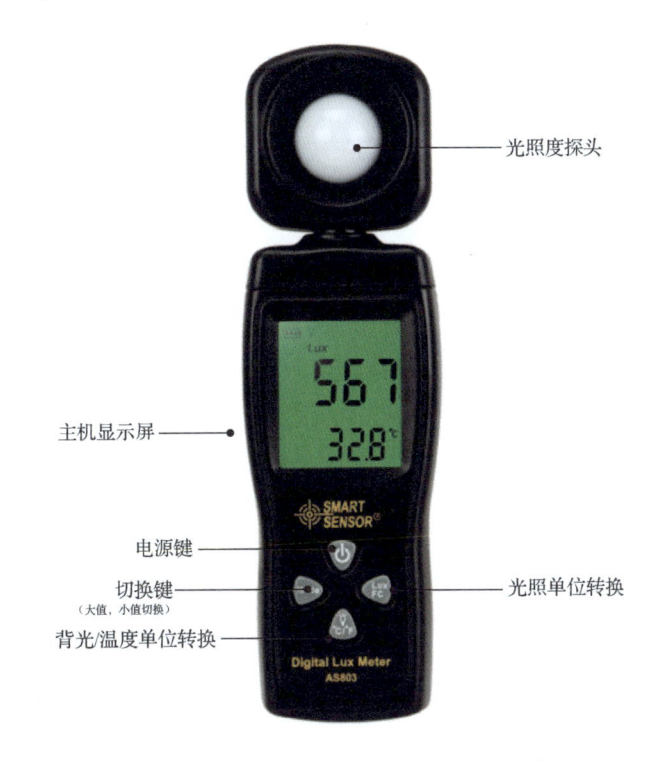

图 2-19　测光仪

拍摄中常见的光源问题及灯光调节方法如下。

① 主光灯太亮导致过度曝光（画面曝光），主要有 3 种调节方法：一是将主光灯亮度调低；二是将主光灯拉远（如果不能调节亮度）；三是在光源上增加柔光纸（当既不能调节亮度又不能拉远时），增加柔光纸还有利于使光照均匀、自然。

②自然光强度太大导致过度曝光，主要有两种调节方法：一是尝试调整拍摄位置，使镜头到拍摄主体间的距离拉大；二是使用纱帘、遮光罩或其他手段弱化自然光。

③拍摄主体有阴影或暗面颜色过重，一般通过增加补光灯的方式去阴影或暗面。

3．其他设备与道具准备

视频拍摄时需要的其他设备与道具还有很多，本任务涉及的设备与道具如下。

（1）插线板、充电器和充电宝。保障电灯、手机等用电设备供电稳定。

（2）三角架、移动硬盘。本任务均采用固定机位，为保障画面稳定，携带三脚架，将手机固定在三脚架上拍摄。拍摄的素材随时导入移动硬盘，规范管理素材。

（3）化妆包。给演员简单化妆、补妆时使用。

4．快速试拍检查布景

完成以上准备工作后，一般要进行快速试拍（试镜）。请按照下面的流程执行。

（1）演员就位，确定具体位置、姿势。

（2）确定机位，本任务都是固定机位，故确定机位后即可摆设三脚架和拍摄手机。

（3）拍摄一张照片，仔细查看：

①人物是否出画，是否进入拍摄状态；

②搭建的场景是否有瑕疵或穿帮；

③光源是否明亮且不过度曝光；

④场景、道具、人物构成的画面是否和谐（符合预设构图）。

（4）如果对试拍的照片不满意，根据问题适当调整；如果对试拍的照片满意，则使用测光仪测光，并记录下读数，在其他两个场景拍摄前，按读数进行光源调节，保障各镜头亮度一致。

此外，还要注意以下事项。

（1）居家环境拍摄一定要避免画面太杂乱。

（2）有多个演员参与拍摄时，不仅应试拍照片，还应试录制，确保每个演员进入角色，配合得当。

（3）场景搭建后一定要做试拍检查，成本低的场景还好，如果搭建成本很高，万一出现纰漏，损失很大。尽量不要将瑕疵留给后期处理，增加成本和风险。

任务总结

在本任务中，大家学习了情景类短视频的场景搭建和布置技巧，包括布景设计、声光设备布置、其他设备与道具准备，以及正式拍摄前的快速试拍等内容。

短视频拍摄的场景搭建，一般首先考虑满足视频拍摄要求，其次考虑在满足需求的情况下如何节约成本、提升效率，更多拍摄项目管理的知识，将在《自媒体运营（高级）》中学习。

课堂练习

请你以"我的宿舍"为题，拍摄一条短视频，要求如下。
（1）零成本搭建视频拍摄场景，尽量真实。
（2）体验声光调节，与学习小组成员分享改善声光效果的经验。
（3）赋予短视频鲜明的主题，使短视频有趣或有意义。

任务2.4 通用直播间软装修

任务描述

小薇将要进行一场直播，需要帮助她完成直播间软装修，请协助小薇完成以下任务。
（1）直播画面拆解。
（2）了解直播画面的背景。
（3）了解直播画面的中景。
（4）了解直播画面的前景。
（5）直播间主要设备的排布。

任务实施

直播间软装修是指通过各种形式的装修来增强直播间的美观度和舒适度，使其更加吸引观众的目光，从而提升直播间在线人数和观看时间。给直播观众呈现最佳画面是直播间搭建、装修的根本目的，故一切应从最终观众看到的是一幅什么样的画面开始。该任务可以分解为以下步骤：直播画面拆解、直播背景设置、直播中景设置、直播前景设置和直播设备排布。

1. 直播画面拆解

对于手机直播，无论什么平台、什么类型的直播画面，均可以按景深划分为前景、中景和背景，如图 2-20 所示。

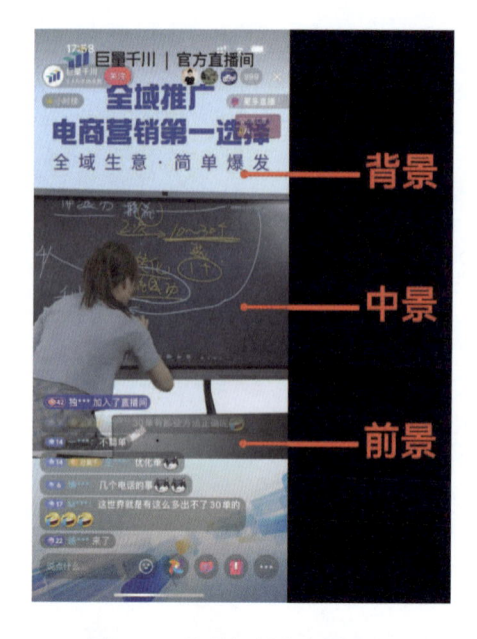

图 2-20 按景深划分直播画面

若将直播画面视作一个平面，则画面主要包含上、中、下 3 个部分，进而切分为若干区域，如图 2-21 所示。直播画面的上部是优惠券及福袋信息，中部是最重要的主播和产品展示，下部是所售商品的链接信息。

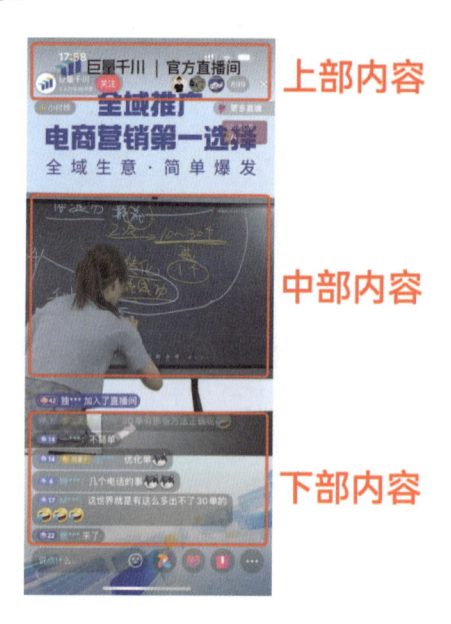

图 2-21 按区域切分直播画面

在进行手机直播时，好的背景可以凸显主播，烘托直播主题，吸引更多观众的注意力。背景的作用主要是营造直播间的基础氛围，是画面中其他元素的陪衬，因此不能喧宾夺主。

（1）直播背景的类型。

直播背景一般有 3 种形式。

① 以实景作为背景。室内直播和室外直播都可以选择用实景作为背景，如图 2-21 和图 2-22 所示。此类背景想要达到的是"真实"效果，沉浸感好。有时背景本身就是主体，如旅游直播，作为背景的风景就是主播介绍的主要内容。三农原产地室外直播、探店直播、电商仓储直播等都适合选择实景背景。

图 2-22　生活类直播的室内实景背景　　　　图 2-23　户外类直播的室外实景背景

② 以图片文字作为虚拟背景。因为虚拟背景的灵活性强，很多直播都会使用虚拟背景，即用提前设计好的图片作为直播背景。特别是主播不露脸的直播，如电台节目类直播，会采取图文作为虚拟背景，如图 2-24 所示。

③ 以视频、动画等作为动态虚拟背景。还可以用视频、动画等，制造动态效果的直播背景，使直播间显得很热闹。例如，在节庆日的带货直播中，品牌商家常常会将宣传片作为直播背景，循环播放，以达到品牌推广的目的。

（2）选择直播背景风格。

确定直播背景时，可以考虑以下几个要素。

① IP 定位。主播或直播间的定位是确定直播背景风格的第一要素。例如，娱乐主播可

以选用色彩鲜艳、活泼有趣的背景；专家培训类主播可以选用简洁明了、低调深沉的背景。

② 直播目标。确定直播的目标是什么，如以涨粉、变现、品推为目标的直播背景各有不同。例如，电商变现，可以将节庆促销口号做成图文背景；品推直播则可用代言人形象图片、品牌宣传图片作为背景。

③ 直播主题。带货直播间可以根据主题更换不同背景，如店庆专场主题、助农公益主题等应使用不同的背景。

此外，还需要考虑背景的视觉效果与直播主体的对比，以确保主体能够清晰显现。另外，注意背景的布置与摆设，保持整洁、有序，避免分散观众的注意力。最重要的是，确保直播背景能够与整个直播内容相协调，给观众带来愉悦的观看体验。

（3）本任务的直播背景。

本任务中的直播内容以聊天为主，故采用的是比较轻松的家居氛围的直播背景，重点突出人物，弱化背景，如图 2-25 所示。

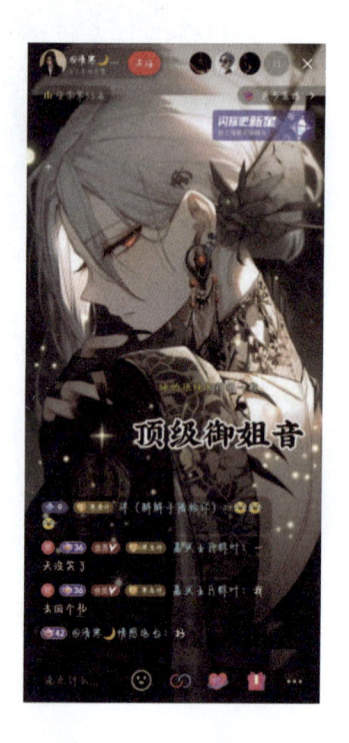

图 2-24　图文虚拟背景　　　　图 2-25　聊天直播画面展示

3．直播中景

直播中景主要涉及主播、产品和装饰道具，如图 2-26 所示。

出镜主播必须化妆，仪容仪表得体大方，穿戴衣着不得暴露，这是对直播间观众的基本尊重。

项目二／场景搭建

图 2-26　直播中景页面

直播时，灯光以主播为中心，确保主播脸部无阴影。

使用手机进行直播时，摄像头离主播的距离为 20～40cm（约 1 个键盘的距离），使主播占直播画面的 70% 左右。摄像头距离小于 20cm 时，主播占据太多直播画面，观众会有压迫感；摄像头距离超过 40cm 时，整体直播画面会显得过于空旷，观众会有距离感，同样会影响直播观看体验。

若是多人直播，主播们站着或坐着，一般会由专业的摄像师调整主播与镜头的距离。

若是带货直播，产品放在画面居中、主播之前的位置，与主播一起成为画面中心。

装饰道具（如白板教鞭、产品成分表 KT 板、公仔赠品等），一般放在桌子上或主播伸手可及的架子上，装饰道具尽量不要占据直播间过多画面，以免出现直播画面主次不分的情况。

最近，虚拟主播随着元宇宙概念的兴起而流行。这种直播一般采用摄像头捕捉真人表情及动作，然后通过虚拟人物表现出来，直接面对观众的是虚拟人物。具有代表性的虚拟主播有日本彩虹社的 vox 等。虚拟主播必须通过电脑端直播伴侣来进行合成画面。虚拟主播与真人主播一样，也涉及妆容造型。

另外，有的直播不用主播出镜，例如前面提及的电台节目直播，部分培训直播，会直接用背景图片、电脑屏幕或白板作为画面中心。此时，背景和中景合二为一。

4．直播前景

直播前景又可分为上部、中部、下部 3 个部分。

（1）上部。

直播前景上部主要包含以下内容（见图 2-27）。

① 主播头像、昵称及关注按钮（上部第一行左侧区域）：显示主播的头像和昵称，用于识别和展示主播的身份。观众点击"关注"按钮，可以成为该主播的粉丝。

② 在线观众数量及头像（上部第一行右侧区域）：实时显示当前在线观众数量和若干在线观众的头像。

③ 直播间排行榜（上部第二行左侧区域）：可查看当前直播间在小时榜和人气榜的排名，如果是电商直播还会显示带货榜总榜或对应分区的排名。

④ 更多直播间链接（上部第二行右侧区域）：点击会弹出更多直播间卡片，还可以搜索直播。

⑤ 红包/福袋/粉丝券（上部第三行左侧区域）：通用营销工具红包/福袋/粉丝券等显示位置。直播时，一旦该区域有图标显示，代表当前有效，观众可以参与。

⑥ 本直播间参与的平台活动（上部第三行右侧区域）：如图 2-27 所示的"金话筒一起唱"。

图 2-27　直播前景上部区域

（2）中部。

直接前景中部是直播间的核心区域，直播前景中部主要包含以下内容（见图 2-28）。

① 送礼展示区（中部左下区域，占两行）：在下部的公屏区域之上显示。

② 礼物特效：当观众送出高价值虚拟礼物时，中部区域会全屏显示礼物特效（如嘉年华），增加直播热烈氛围。因为是前景，故会覆盖其他画面，礼物特效播放完后会消失。

前景中部的其他区域可以自由定制。例如，在带货直播中，会展示商品信息、促销信息、直播预告、售后保障信息等，通常使用贴片（贴纸）实现。

图 2-28　直播前景中部区域

（3）下部。

直播前景下部可以分为3个区域（见图2-29）。

① 底部功能导航栏：从左至右依次为评论文本输入框，表情按钮，连线或购物车等特定直播间功能按钮，"小心心"礼物（1钻石）快捷按钮，更多礼物按钮，"…"按钮。点击"…"按钮，会弹出分享、转发、清屏、投屏、小窗播放等更多功能按钮。

② 公屏区（导航栏上左侧区域）：公屏是观众与主播互动的主要区域，默认设置时，可细分为3类信息，直播中分别实时滚屏显示，自下而上分别是：进场提示区（占一行），有观众进入直播间会在这行显示；评论区（占六行），有观众评论会在这里显示；关注提示区（占一行），有人关注了主播或直播间会显示在该行。

③ 表情区、商品卡/游戏卡弹窗区（导航栏上右侧区域）：一般情况下是用气泡效果显示观众发送的表情，当带货直播点击商品讲解后，会在该区域弹出商品卡及热卖数量，覆盖气泡表情。

直播前景下部区域除了个性化前景贴片，大多是固定的。

图2-29 直播前景下部区域

5. 直播设备排布

主播与背景的距离没有统一的标准。对于游戏类直播，大约20cm即可；而对于服饰类的电商直播，则需要离背景远一些（如2m），以凸显主播，增强画面景深效果。

主播与摄像头的相对位置：主播端坐时，摄像头一般与主播眼睛处于同一高度，正对主播面部，也可以在主播侧面（脸部左前方或右前方）；距离根据直播类型确定，聊天类直播约20cm。

使用抖音App开直播可设置的内容很少，但也对直播间视听效果有一定影响，将在后续任务中学习。

任务总结

本任务详细介绍了直播画面的构成，为直播间的装修奠定了基础。可以将直播画面拆分成背景、中景和前景3层，其中直播前景又可以分为上部、中部和下部3部分。直播间软装修的重点是背景和前景中部，其他区域的创作空间较小。

直播间软装修需要电脑端直播伴侣支持，本书中不要求掌握。本书讲述的均为手机直播，只能用实物背景，所以直播间画面效果由直播间的硬装修和装饰决定。

课堂练习

请大家观看3种以上类型的抖音直播，完成以下任务。
（1）截图展示观看的直播，说明各场直播画面的异同。
（2）讨论各直播间的装修效果，说出你喜欢哪一种，并说明为什么。
（3）分析这些直播间的装修效果是否与主播定位、直播目的和内容主题吻合。

项 目 总 结

本项目学习了手机直播的基础硬件设备整合和调试、基础数字媒体相关软件的安装与配置，以及视频拍摄布景和直播布景等知识点。在实际任务中，首先应熟悉手机直播的基础硬件设备，确保能够熟练整合并调试设备，以保证视频拍摄和直播过程中的设备稳定性和高质量输出；然后掌握基础数字媒体相关软件的安装和配置，以便进行后续视频剪辑、编辑等工作。在后续的学习和实践中，应持续提高对手机及相关硬件设备的了解和掌握，熟练整合并调试各类设备，以适应不同拍摄和直播场景的需求。

项 目 练 习

1. 单项选择题

（1）直播画面按（　　）可以分为前景、中景、背景，其中中景一般是主播或产品。
  A. 景深　　　　　　　　　　B. 景别
  C. 画面比例　　　　　　　　D. 画面大小
（2）下列选项中，属于抖音系手机端视频剪辑软件的是（　　）。
  A. 剪映　　　　　　　　　　B. 醒图
  C. Photoshop　　　　　　　　D. Pr
（3）搭建直播间时，如果想降低外界噪声的干扰，一般不推荐使用（　　）方式。
  A. 用隔音棉装修直播间墙面、地面、天花板等
  B. 用背景音乐盖过外界噪声
  C. 窗户选择双层隔音玻璃
  D. 在门上贴上隔音板
（4）赞赏是抖音平台新出的功能，目前赞赏分为3种级别，不包括（　　）。

A．点赞　　　　　　　　　　B．小小心意
　　C．大大爱意　　　　　　　　D．超级喜欢

2．不定项选择题

（1）在视频拍摄时，如果自然光强度过大导致过度曝光，以下解决方法正确的是（　　）。
　　A．调整拍摄位置、缩短镜头到拍摄主体间的距离
　　B．调整拍摄位置、拉大镜头到拍摄主体间的距离
　　C．使用纱帘、遮光罩等弱化自然光
　　D．直接拍摄，后期进行调色处理

（2）剪映是一款视频编辑软件，它的突出优点主要有（　　）。
　　A．支持手机端和电脑端使用　　B．视听资源丰富
　　C．可添加文本　　　　　　　　D．可提示台词

3．判断题

（1）将直播画面视作一个平面时，主要包含上、中、下3个部分，商品的链接作为最重要的信息应当放在直播画面中部。（　　）

（2）粉丝是创作者的"资产"，应该在账号设置中选择隐藏粉丝列表，加以保护。（　　）

项目三

文案创意

学习目标

- 能根据需要利用创意网站或工具搜集优秀创意。
- 能根据选题搜集创作素材，创建并持续完善素材库。
- 能完成文案内容的排版和校对工作。
- 能在指导下撰写简单的视频脚本。

项目三 / 文 案 创 意

任务 3.1 创意搜集与整理

任务描述

自媒体创作者哆来咪去年在抖音平台注册了账号,分享育儿经验。但最近哆来咪遇到了创作瓶颈,已将近一个月没有更新作品了,账号的数据不太好。为了激发创作灵感,改善账号状况,哆来咪准备通过抖音平台的相关创意工具和优质的素材库进行创意搜集和内容创作。请帮助哆来咪完成以下任务。

(1)查找相关创意网站和搜集工具,搜集优秀的创意选题。
(2)搜集创作素材,将搜集到的素材进行分类整理,建立个人的素材库。
(3)掌握文案排版的基本原则,使用编辑器对文案进行排版和校对。

任务实施

本任务的主要目的是帮助哆来咪激发创作灵感,提高内容质量,赢得更多粉丝,因此需要了解创意工具的使用,从优秀的视频中提取创意,掌握素材搜集技巧,并能够进行文案排版和校对。本任务可以分解为以下步骤:创意搜集、素材搜集和文案排版及校对。

1. 创意搜集

搜集创意可以为创作者提供灵感,从而帮助他们打造更独特和吸引人的内容。
(1)创作者常用的创意工具和平台如表 3-1 所示。

表 3-1 常用创意工具和平台

工具/平台名称	描述
巨量创意	巨量引擎官方提供的视频创意指导和创作工具,其中有很多创意视频,为视频创作提供灵感
抖音热点宝	抖音官方推出的创意工具,助力创作者洞察热点趋势,参与热点内容创作,获取更多优质流量。它汇集抖音每日 3000+ 热点,支持热点分析、热点预测、官方活动日历查询,也可针对热点进行实时数据、传播趋势、用户画像分析等
抖音创作服务平台	通过抖音创作服务平台可以查看粉丝关注的热词,从而为选题和创意提供参考
蝉妈妈	提供抖音平台各类别不同时段的热门视频排行榜、爆款电商种草视频榜单,帮助短视频创作者快速了解抖音平台最新热点
巨量算数	通过巨量算数可以验证选题是否具备上热门的潜质,内容分、传播分和搜索分都高的选题才值得进行创作

哆来咪是一位母婴达人,主要创作的内容为育儿妙招、宝宝辅食、亲子游戏、育儿神器种草等。下面我们通过创作服务平台、抖音热点宝和巨量创意帮助哆来咪找到一个优质的创意选题。

（2）使用抖音创作服务平台查看粉丝画像和热词，了解粉丝偏好。

通过抖音创作服务平台可以查看粉丝关注的热词，从而为选题和创意提供参考。

在电脑上打开抖音创作服务平台，使用抖音 App 扫码或者用户手机号进行登录，再点击左侧任务栏的"数据中心"→"粉丝画像"，从性别分布和年龄分布中可以看到哆来咪最主要的粉丝人群是女性，年龄在 24 ~ 40 岁，如图 3-1 所示。

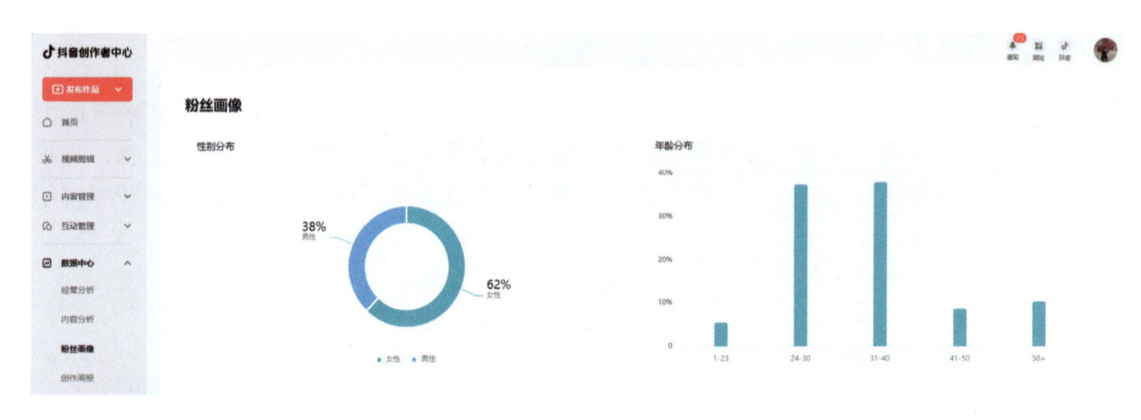

图 3-1　性别分布和年龄分布

从粉丝关注热词和新增粉丝关注热词中可以看到粉丝主要关注的热词是宝宝成长、辅食、健康食谱、萌娃等，如图 3-2 所示。可见哆来咪的粉丝兴趣爱好是健康育儿类相关的内容，所以哆来咪可以把"健康育儿常识"这个话题作为选题方向。

图 3-2　粉丝关注热词和新增粉丝关注热词

（3）使用抖音热点宝寻找与粉丝内容偏好匹配的热点事件。

抖音热点宝可以查看上升热点榜单、同城热点榜、热点总榜。

在抖音创作服务平台点击"服务市场"，在"抖音号服务"板块点击"抖音热点宝"，进入抖音热点宝页面（第一次使用时需要订购，按提示订购后登录即可使用），点击"热点榜单"，选择"亲子"分类，即可查看该类目下的热点事件，排在前 3 名的是"女孩被妈妈吼后找爸爸告状""娃也不知道为啥吃完饭要挨揍""长牙期的宝宝迷惑行为"，如图 3-3 所示。

项目三／文案创意

图 3-3 亲子类目的热点榜单

点击对应热点事件后的"详情",在"热点详情"面板中可以看到热度值、点赞量、评论量、分享量等数据。在 3 个热点事件中,"长牙期的宝宝迷惑行为"事件的点赞量、评论量、分享量数据最好,如图 3-4 所示。

图 3-4 热点事件互动数据对比

49

点击热点事件后的"详情",在"观众分析"面板中可以看到兴趣分布、年龄分布、性别分布等用户画像数据。3个热点事件的用户画像数据对比如图3-5所示。综合考虑哆来咪的粉丝画像及内容偏好,最匹配的是"长牙期的宝宝迷惑行为"这个热点事件,且这个事件与哆来咪的选题方向也相符。

由此可见,3个热点事件中,长牙相关的话题比较有长期挖掘价值。

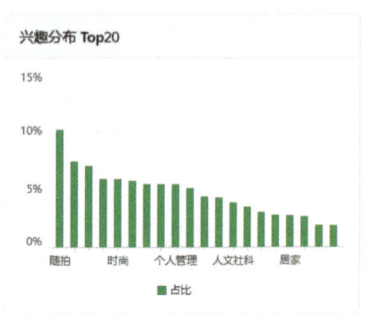

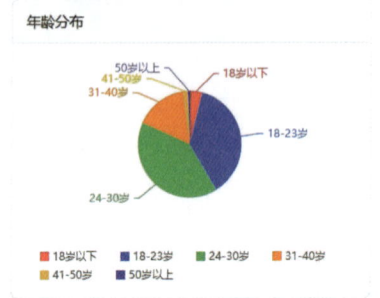

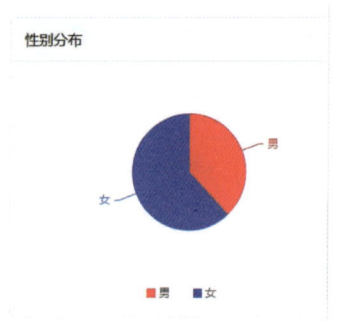

(a) "女孩被妈妈吼后找爸爸告状"的用户画像数据

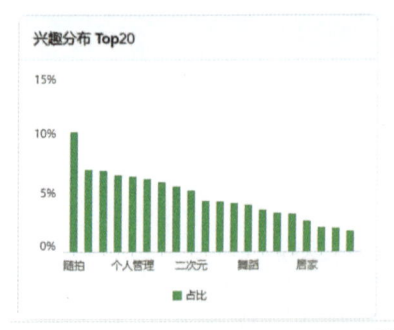

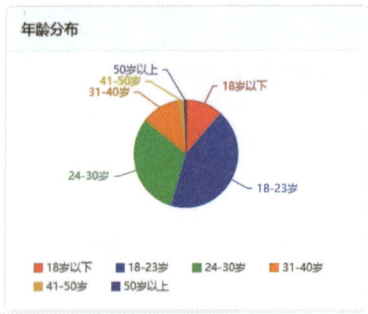

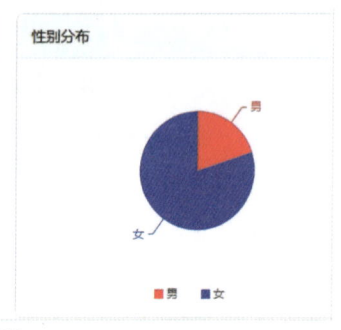

(b) "娃也不知道为啥吃完饭要挨揍"的用户画像数据

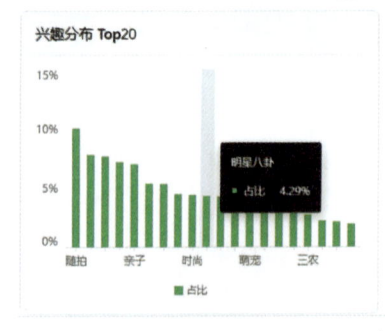

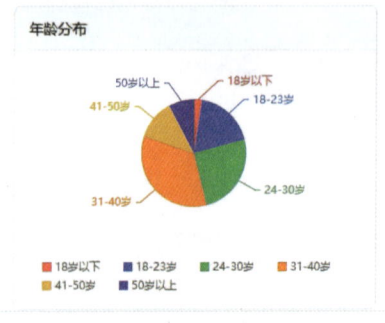

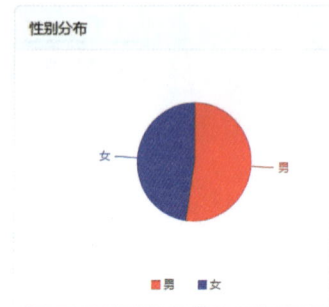

(c) "长牙期的宝宝迷惑行为"的用户画像数据

图 3-5 热点事件的用户画像数据对比

(4)使用巨量创意,寻找高赞视频。

有了选题和热点事件提示的方向,就可以搜集优质创意了。优质创意至少应满足可行、创新、有研究价值3个标准,简单来说就是粉丝喜欢、内容有差异化。

项目三 / 文案创意

在电脑上打开巨量创意网站，使用巨量创意 App 扫码或使用用户手机号登录后，点击"创意灵感"，使用关键词"长牙"搜索创意，内容范围选择"抖音视频"，结果如图 3-6 所示，其中热度最高的视频是"长牙有这么痒吗"。

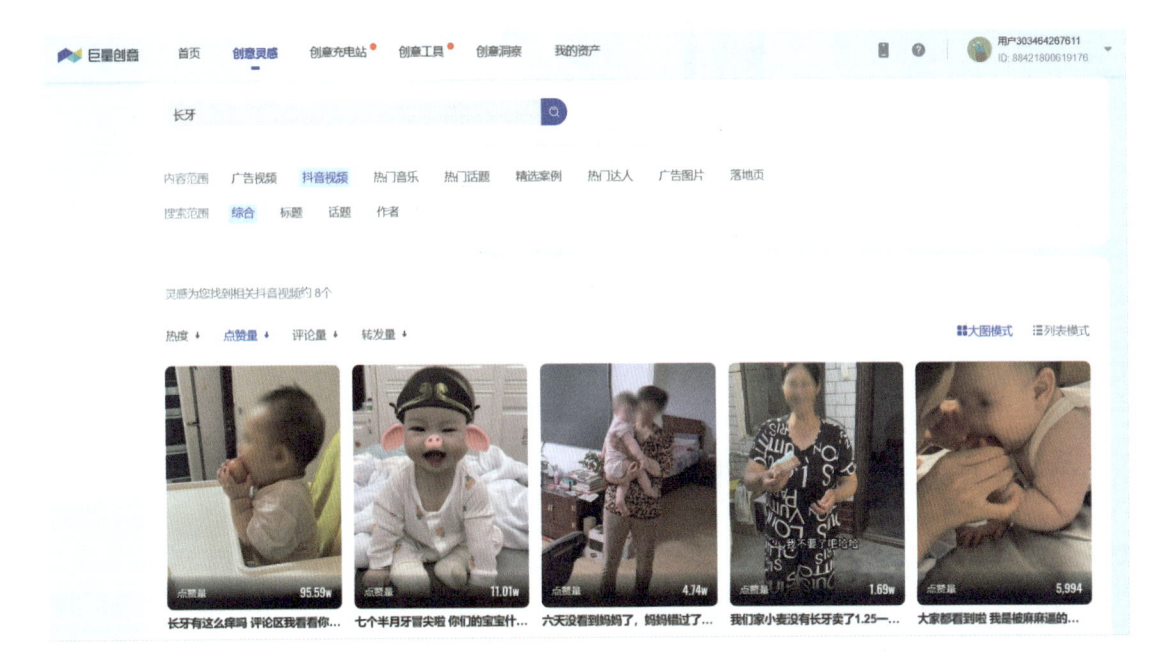

图 3-6 "长牙"相关视频

在抖音平台中找到该视频，查看评论，发现点赞最高的两条评论是"这是在给苹果抛光？""苹果：你除了给我弄一身口水还能干嘛"，分别都有接近 20 万的点赞量，如图 3-7 所示，可见这条视频引发了众多宝妈的共鸣和热议。

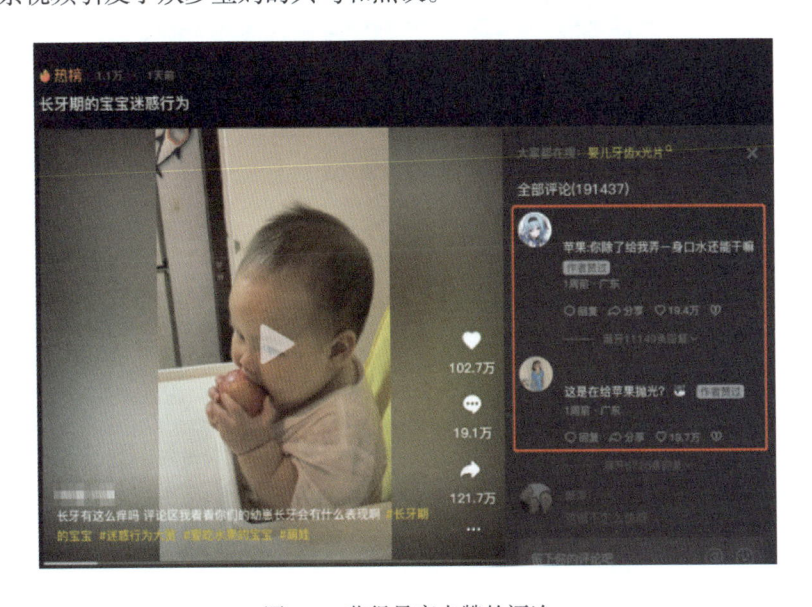

图 3-7 获得最高点赞的评论

51

在图 3-6 中将鼠标指针悬停在高赞视频上,点击"添加到收藏夹"收藏该视频,就完成了一条高赞视频的收集,如图 3-8 所示。

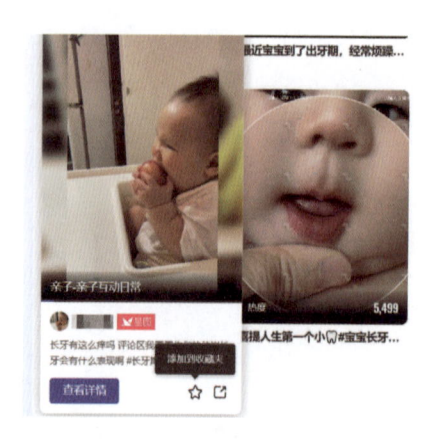

图 3-8　添加到收藏夹

(5)用近似关键词和关联话题搜集更多优质创意。

当我们找到合适的高赞视频后,一般有两种方法帮助发现更多优质创意。一种是关注高赞视频的话题标签,如刚才收藏的视频带有的话题标签为"#迷惑行为大赏 #爱吃水果的宝宝 #萌娃",可以分别点击 3 个标签,查看高赞视频。另一种是用"长牙"的近义词(如"磨牙")搜索,查看高赞视频。

我们把相关的高赞视频都添加到收藏夹,就完成了创意搜集工作,如图 3-9 所示。

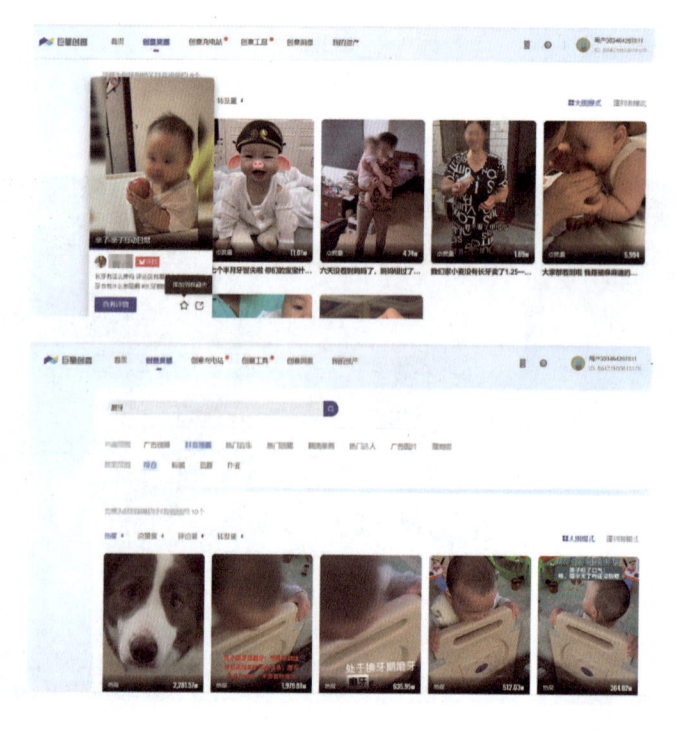

图 3-9　收藏创意视频

2. 素材搜集

素材是指用于创作和设计的各种资源和元素，常见的素材包括图像、视频、音频、文字等。

（1）确定创意，进行素材分析。

确定视频创意后，一般在正式创作前需要搜集一些素材。为了提高视频的趣味性和吸引力，图片类素材可以收集一些宝宝搞怪表情的特写图片，如惊讶、好奇、痛苦等。音效类素材可以是宝宝咬牙、嘟囔、哭闹的声音。背景音乐可以选择具有欢快、有趣、搞怪效果的音乐素材，文案类素材可以是一些幽默调皮的文案，如"痛得要命的牙齿，不服气的宝宝！""长牙中的宝宝，全场最萌！""牙齿大作战，宝宝奋战中！"等。

（2）了解所需的创作素材后，使用剪映进行素材收集。

打开剪映 App，点击"开始创作"→"素材库"，搜索宝宝搞笑表情，发现合适的就点击"收藏"，如图 3-10 所示。

图 3-10　剪映素材库收藏操作

选择高赞视频进行编辑，在主工具栏中点击"音乐"，搜索"搞怪"音乐，发现合适的就点击"★"（收藏），或者点击"⬇"（下载）备用，如图 3-11 所示。

图 3-11 剪映音乐素材收藏或下载操作

3. 素材库整理

要打造出好的内容，就一定要有自己的素材库。把平时发现的好文好句、爆款标题、图片、视频、音频等收集起来。素材积累得足够多之后，面对相应的话题，就不会无从下手了。一个好用的素材库，除了要有大量的素材，还要查找方便、使用方便。

（1）常见的素材库整理方法及优劣势对比。

对于如何建立自己的素材库有很多方法，可以针对不同的逻辑进行整理，如媒体种类、账号定位、选题等因素。常见的素材库整理方法及优劣势对比如表 3-2 所示。

表 3-2 素材库整理方法及优劣势对比

方法	优势	劣势
媒体种类	简单直观，适用于基本媒体类型的分类和查找	缺乏详细分类，可能导致特定场景下素材查找不够精准
账号定位	针对不同账号的定位进行分类，有助于目标群体选择和整合	维护多个分类，增加了管理复杂度，对于涉及多个账号的素材归类不清晰
选题标签	方便根据主题和内容进行检索和筛选	标签管理需要一定的标准和一致性，标签过多、重复或混乱影响效率
时间排序	便于追踪素材的收集和更新情况，适用于按时间轴呈现的场景	不适用于与时间无关的选题或场景

（2）使用剪映云空间对素材进行整理。

针对哆来咪的账号情况，在此选择按照媒体种类对搜集到的素材进行整理。首先，通过剪映把所需素材导入电脑。然后，通过剪映云空间进行上传，可以对文件夹里的素材按照类型重命名以方便查阅，如图3-12所示。

图3-12　使用剪映云空间导入素材及管理素材

4．文案排版及校对

排版是指在有限的版面空间里，将文字、图片、图形、线条、颜色等可视化信息元素，根据内容需要，在版面上调整位置、大小，使版面布局条理化的过程。简单来说，排版是文本的样式或外观，排版最重要的作用是提高内容的可读性和美观度。文案校对是确保文案质量的重要环节，主要体现在拼写语法是否准确、标点符号的使用是否正确、逻辑表达是否顺畅等方面。

（1）使用剪映设计，将搜集到的创意素材进行排版。

可以使用剪映的一键成片和图文成片进行快速排版，如图3-13所示；也可以点击"开始创作"，用保存在剪映云空间中的素材进行创作，如图3-14所示。

（2）在作品正式发布前，进行文案校对。

为了避免作品发布后出现错别字、词不达意、敏感违规等问题，需要提前对作品文案进行检查。重点检查封面标题是否准确、简洁且具有吸引力，确保标题能够准确传达"宝宝长牙迷惑行为"这一主题。仔细检查封面图片，确保宝宝形象清晰可爱，与主题相符。检查图片质量、色彩和构图是否令人满意。阅读封面文案，确保描述宝宝长牙迷惑行为的文字准确、生动且富有创意，检查语法、拼写和标点符号是否正确。

图3-13 使用"一键成片"和"图文成片"进行创作　　图3-14 使用剪映云空间中的素材进行创作

任务总结

搜集创意和建立素材库对于创作者至关重要。它们为创作者提供了丰富的创作灵感和素材资源，帮助他们获得新的思路和创意方向。通过积累和整理素材库，创作者可以更快速地找到适合自己的素材，并创造性地运用于作品中。这样不仅提高了创作效率，还能为作品注入独特的个性和风格，吸引更多观众的关注和喜爱。

课堂练习

请大家根据本任务所学知识，完成以下任务。

（1）根据你的账号定位，搜集一条符合你账号定位的优质选题。

（2）使用抖音热点宝、巨量创意搜集创意素材，不少于20条（文字、图片、视频不限），并使用Eagle工具软件或者在你的电脑文件夹中按不同类型建立并整理属于你自己的创意素材库。

任务3.2　使用剪映完成短视频脚本的撰写

任务描述

自媒体创作者哆来咪在抖音平台拥有自己的账号，专注于分享原创的育儿经验。然而最近有观众反馈视频内容单一且缺少吸引力。为了突破这一困境,提高视频质量,哆来咪决定提升自己的视频脚本撰写能力。请你帮助哆来咪完成以下任务。

(1)在剪映中选用合适的脚本模板。
(2)使用脚本模板填写大纲和台词文案,完成文学脚本。
(3)细化文学脚本,形成分镜头脚本。

任务实施

本任务的主要目的是帮助创作者哆来咪解决视频内容单一的问题,视频内容单一一方面是形式上的,另一方面是内涵上的。哆来咪以往的作品都是"真人出镜+口播"的形式,确实比较单一,形式相对来说比较容易改进,而视频内涵缺乏吸引力要提升则有点困难。参考一些优秀的案例或许是一条相对快捷的途径。经过一番调研,哆来咪准备启用剪映模板库,参考优秀脚本模板,探索一些新的视频形式,可以说是一箭双雕的方法。本任务可以分解为以下步骤:了解脚本的基础知识、理清短视频脚本创作思路、在剪映中选用合适的脚本模板、撰写文学脚本、撰写分镜头脚本。

1. 脚本的基础知识

"脚本"一词通常用于计算机软件、影视传媒等行业。在传媒行业,脚本是指导影视作品创作和表演、以文字描述为主的格式化文件,如剧本、台词脚本等都属于脚本。在短视频制作领域,脚本通常用于指导编导、演员、摄影师和剪辑师的工作,让团队拥有统一的话语体系,提高作品创作的效率和质量。

根据应用场景不同,脚本可分为多种类型和表现形式,目前没有权威的、严格的分类。在此将脚本分为文学脚本和分镜头脚本,如图 3-15 和图 3-16 所示。

主题	2024 年高考满分作文解析	
呈现形式	抖音视频(竖版满屏,无边)	
时长	约 5 分钟	
大纲	详细描述	台词文案
提问式开头	快闪北京市、山东省、湖南省高考满分作文标题,标题+盖章 100 分动画	为什么这些高考作文能拿满分?看完这段视频,你会知道答案
朗读一篇满分作文	达人出镜朗读北京市 2024 年高考满分作文	略
解析满分原因	逐一解析满分的三大原因	第一,…… 第二,…… 第三,……
总结结束	总结高考作文满分的秘诀	作文满分有法宝,做到这 1,2,3,你也有机会拿满分!

图 3-15 文学脚本示例

序号	景别	画面内容	解说词	字幕	音乐	音效	时间
1	全景	画出蓝小帅，站在一辆车前。	大家好，我是老司机蓝小帅。		欢快、富有节奏感的音乐		2s
2	近景	蓝小帅开车在公路上行驶，镜头切到车内，刹车拟人化，刹车死掉。	俗话说得好，再帅的车技敌不过一个小小的刹车。		欢快、富有节奏感的音乐	刹车声	4s
3	远景	切到车外，蓝小帅连人带车摔下悬崖。	刹车一旦失灵，弄不好就车毁人亡呀！		欢快、富有节奏感的音乐		3s
4	全景	蓝小帅在画面中间，旁边画了好几个拟人刹车，各种各样的死法，显示字幕：刹车的101种死法。	贴心的小帅给大家整理了几种常见的刹车失灵前兆，拿走不谢。	刹车的101种死法	欢快、富有节奏感的音乐	刹车声	6s
5	近景	特写蓝小帅踩刹车，切到车外，车很难停下来。	刹车失灵最明显的特征就是踩刹车时特别无力，怎么踩都刹不住车。		欢快、富有节奏感的音乐	轮胎摩擦声	6s
6	远景	差点碰上前面的车。显示字幕：提供压力的传输管路失去压力作用导致的。	一不小心就亲吻前面车辆的小屁屁。	提供压力的传输管路失去压力作用导致的	欢快、富有节奏感的音乐	急刹车声	4s
7	近景	特写蓝小帅踩刹车，切到车外，车剧烈颤抖。显示字幕：长期磨损，刹车盘面平整度有一定程度的失准。	有时一踩刹车啊，整个车都莫名嗨起来浑身抖动，真是伤不起！	长期磨损，刹车盘面平整度有一定程度的失准	欢快、富有节奏感的音乐	颤抖声	6s

图3-16　分镜头脚本示例

其中，文学脚本也叫大纲、台词脚本，一般由"策划""编剧"岗位产出，可以认为是结构化的自然语言描述。分镜头脚本也叫分镜脚本，一般由"编导"岗位产出，可以认为是镜头语言描述。《自媒体运营》（此处为证书名）中，借用这两个概念区分创作阶段，文学脚本较分镜头脚本早创作，侧重描述创意，是分镜头创作的依据；分镜头脚本侧重描述画面呈现，是拍摄的依据。

2．理清短视频脚本创作思路

在撰写脚本之前，需要理清短视频脚本创作思路，具体步骤如表3-3所示。

表3-3　短视频脚本创作思路

步骤	说明
1. 选题定位	短视频的选题方向是什么，想反映什么样的主题立意，选择怎样的内容表达形式，是什么视频类型
2. 创作文学脚本	有了基本的主题，接下来的工作就是围绕主题进行内容创意，即如何用内容（故事情节/剧情）来体现上述主题，在该步骤中，人物、事件等要设定完成
3. 创作分镜头脚本	将文学脚本翻译成镜头语言，写出严谨的分镜头脚本，标志着从策划创意阶段过渡到制作阶段

在此为哆来咪提出一个如下所示的短视频选题方向。

- 选题名称（主题）：婴儿飞机抱教学视频。
- 直发语（视频描述）：简单易学飞机抱，10s止哭小妙招（注意包含话题标签）。
- 内容形式：竖屏满屏无边框。

内容创意按表3-4所示的"三板斧"落地实施，往往能取得较好的效果。

表 3-4　短视频内容创意"三板斧"

策略	说明	举例
提出问题/展示冲突	短视频内容创意的"起手式",给出该短视频要解决的问题或冲突,冲突可以是人与人之间的冲突、人物内心的冲突、人与自然或社会的冲突等	美妆类开箱测试短视频经常以"都说××牌美白霜效果好,真的是这样吗?今天我们就来测试一下"
情节反转	短视频内容适当设置情节反转可以增强短视频的戏剧性,给用户惊奇感,反转讲究"情理之中,意料之外"	春节假期的高速公路服务区,男司机在小吃摊旁,当场抓获一个六岁大的小孩"偷吃"。男司机报警后小孩家长赶来,原来家长是小吃摊老板
主题升华	通常安排在结尾处,升华主题有两个层面:一个是点题,每条短视频必须做到;另一个是将一个浅显、普遍的问题提升到更高层面,实现升华	展示消防员辛苦训练的短视频,在结尾处升华主题:神州大地上,正是因为有了一群这样最美的逆行者,我们才能生活得无忧无虑

内容创意用文学脚本呈现出来后,再创作分镜头脚本,就可以进入短视频制作阶段了。

3. 在剪映中选用合适的脚本模板

剪映的优势之一是有大量优秀的短视频模板,降低了短视频制作的难度,更重要的是为提升作品质量提供了捷径,特别适合初学者。打开剪映 App,使用抖音账号登录,在剪映工具栏中点击"创作脚本",即可打开"创作脚本"页面如图 3-17 所示。

图 3-17　在剪映中点击"创作脚本"打开"创作脚本"页面

目前剪映的脚本模板库已按主题进行分类，包括"旅行""vlog""美食""萌娃"等。注意脚本封面底部标注了时长与分镜数量，顶部右侧标注了是否需要付费。

4．撰写文学脚本

（1）点击"新建脚本"即可开始创作脚本。

将脚本的文字和画面相结合，方便自媒体创作者来实现自己脑中的创意，如图3-18所示。

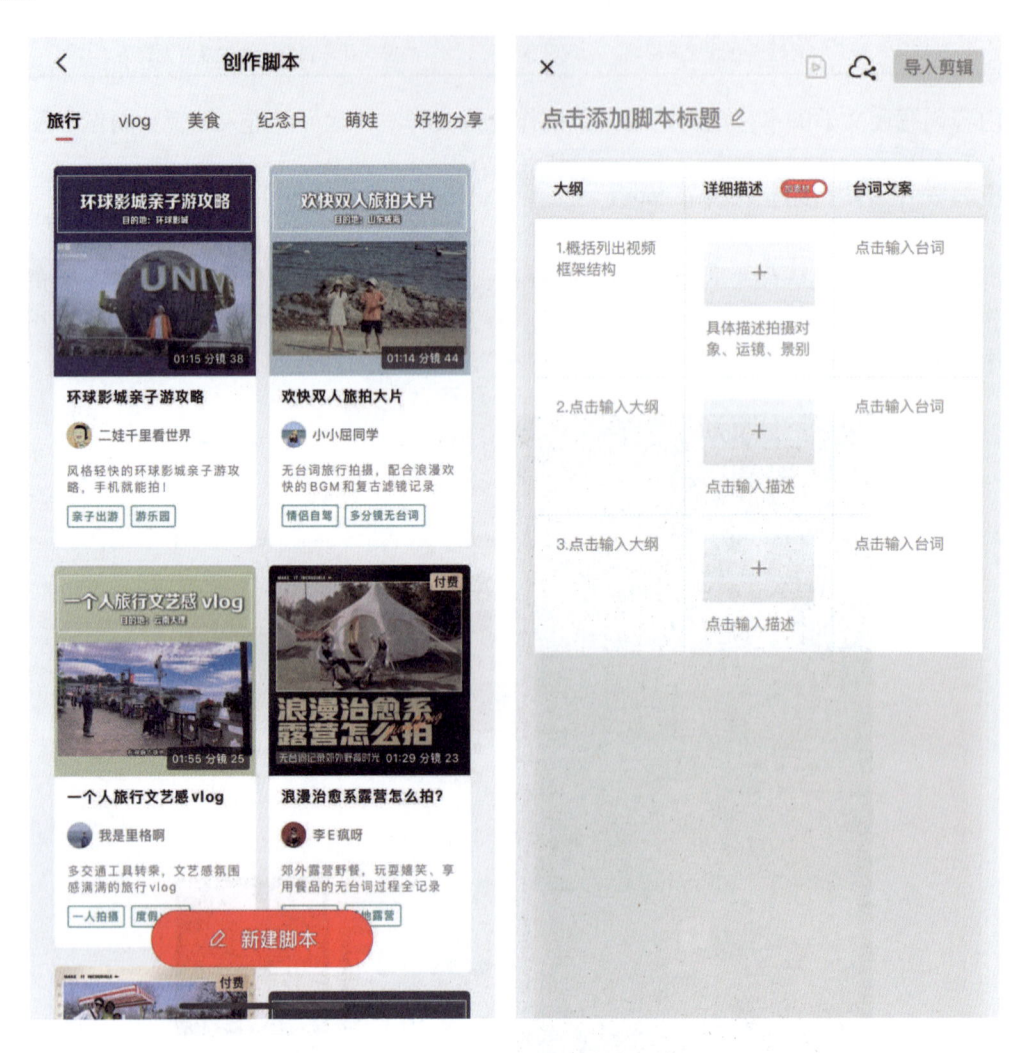

图3-18　使用剪映创作脚本

在创作者缺少灵感的时候，可以选择主题相似的脚本模板进行再编辑，通过替换素材即可得到一个完整的脚本，如图3-19所示。

项目三／文 案 创 意

图 3-19　"萌娃"脚本模板

（2）点击"去使用这个脚本"，进入脚本编辑页面，在其中撰写本任务的文学脚本。剪映 App 默认的脚本结构包含三个要素：大纲、台词文案和详细描述，如表 3-5 所示。我们推荐的创作方式是先列出大纲，再用台词文案和详细描述进行必要的补充，从而完成文学脚本。

表 3-5　文学脚本结构

脚本结构	说　　明
大纲	短视频的主要情节，是最简练的内容描述。因创作之初很多细节并没有想好，所以大纲的作用是将短视频内容"粗线条"地描述出来，这样更利于创作。有时为了给导演、演员和摄像师充足的创作空间，或者拍摄难度高，或有些场景难以预设细节时，在分镜头脚本中也会只给出大纲，其他内容留待现场灵活处理
台词文案	用于填写对话、旁白、自白、字幕、贴纸等文字内容，是文学脚本的主要组成部分，台词文案在大纲的约束下，是对大纲的必要补充。可以说"大纲＋台词文案"就是文学脚本
详细描述	用于填写对话、旁白、自白、字幕、贴纸等文字内容，是文学脚本的主要组成部分，台词文案在大纲的约束下，是对大纲的必要补充。可以说，大纲＋台词文案就是文学脚本

61

（3）本任务的文学脚本示例如表3-6所示。

表3-6 文学脚本示例

大纲	台词文案	详细描述
1. 展示飞机抱	无	飞机抱状态下小孩开心、舒适
2. 开场白（提问）	为什么要对我们的宝宝开始使用飞机抱呢	轻抚小孩后背，小孩安稳舒适
3. 解决问题（回答）	实际上是为了缓解宝宝的小肚肚不舒服。抱的时候有技巧，因为小宝宝的颈背软	无
4. 教学展示	那我们怎么抱呢？宝宝躺在床上，头朝向你，抓住宝宝的小屁股，看好了，兜住小屁股，把宝宝的头靠在大人的肘窝处	将小孩放在床上开始展示，小孩开始哭闹，完成教学步骤后三秒，小孩停止哭闹
5. 成果展示	好了，好了。爸爸妈妈一起学，随时都可以用到	小孩舒服地开始活动
6. 结束	跟着哆来咪，每次一个小技巧	打招呼

（4）完成文学脚本后，可以使用巨量创意中的"预审工具"来进行脚本检测，在"预审工具"页面点击"新建风险检测任务"，如图3-20所示。

图3-20 使用"预审工具"检测

新建风险检测任务时可以选择具体的行业，但是为了避免文字中出现违规字眼，通常将"业务类型"设置为"通用"，然后将"素材类型"设置为"脚本"，如图3-21所示。最后输入本任务的脚本点击"确定"，如图3-22所示。

项目三／文 案 创 意

图 3-21　设置新建风险检测任务选项

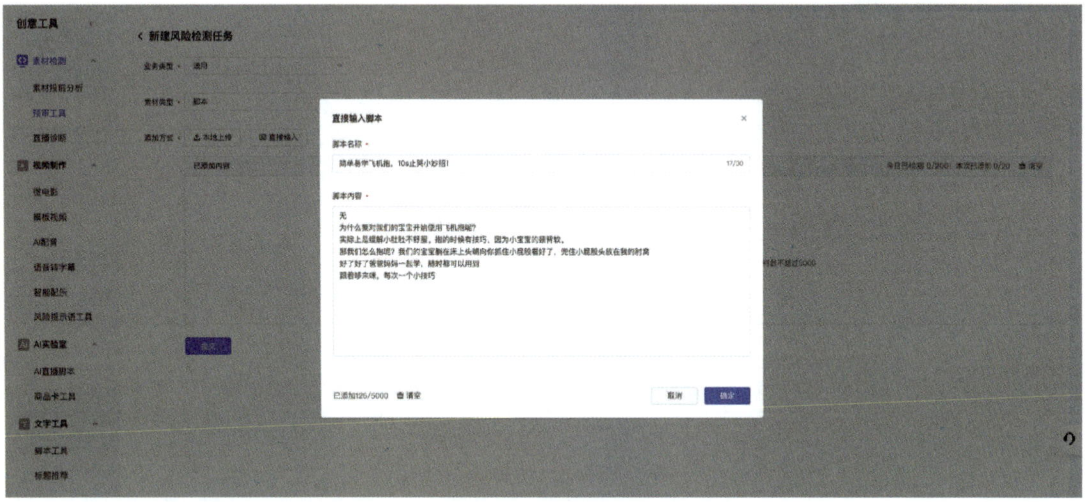

图 3-22　输入脚本

脚本提交后几分钟就会显示结果，如果结果显示有部分台词涉及风险的话可以及时调整，调整后再次预审，直到显示"无严重风险"，如图 3-23 所示。

63

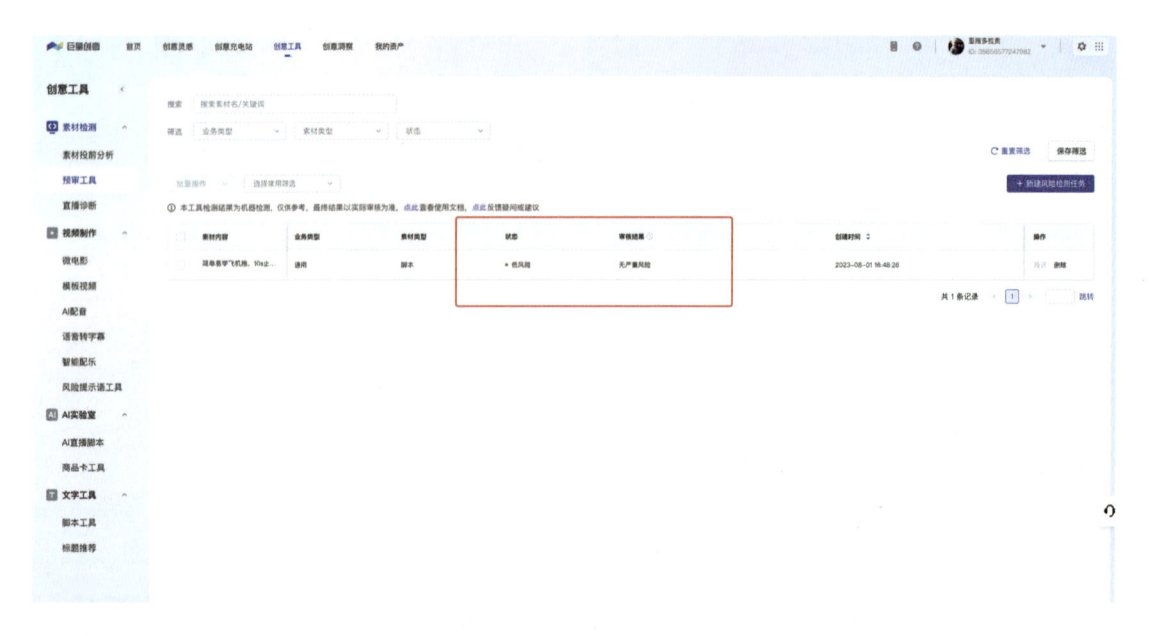

图 3-23　显示"无严重风险"

5．撰写分镜头脚本

分镜头脚本对拍摄具有指导意义，是将文学脚本转换成视听媒体的中间媒介。

优秀的分镜头脚本可以帮助我们统筹作品的拍摄和制作节奏，节约拍摄时长和预算，减少犯错几率，保障作品质量。

（1）了解分镜头脚本。分镜头脚本要素解析如表 3-7 所示。

表 3-7　分镜头脚本要素解析

要素	解析
镜号	镜头序号，可根据实际情况不按镜号顺序拍摄，但后期要按镜号整理剪辑顺序
景别	分为远景、全景、中景、近景、特写
时长	一个镜头所需要的时间，一般单位为 s，镜头长度一般控制在 2s～5s
运镜	镜头的运动方式，包括固定、推、拉、摇、移及其组合
画面内容	分镜头需要将表达的画面通过各种场景呈现，将内容拆分在每一个镜头里
音乐音效	搭配烘托画面氛围的背景音乐或音效，如鸟叫声、打字声、下雨声等

（2）细化分镜头脚本。本任务的分镜头脚本示例如表 3-8 所示。

表 3-8　分镜头脚本示例

镜号	时长	景别	运镜	画面详情	台词文案	音乐音效
1	3s	近景	固定	采用飞机抱方式抱宝宝，宝宝很舒适	无	背景音乐

续表

镜号	时长	景别	运镜	画面详情	台词文案	音乐音效
2	1～2s	特写	固定	宝宝脸部特写，加入可爱贴纸	无	可爱音效
3	2s	中景	固定	哆来咪特写，提出疑问	为什么要对我们的宝宝开始使用飞机抱呢	无
4	5s	近景	固定	回答问题，并把宝宝放到床上	实际上是缓解小肚肚不舒服。抱的时候有技巧，因为小宝宝的颈背软	回答音效，清亮的音效
5	12s	近景	固定	按步骤分解飞机抱动作；完成动作时看向摄影师；宝宝哭闹，直到飞机抱动作完成3秒后停止哭闹（实拍时无法达到效果，可切镜头）	那我们怎么抱呢？我们的宝宝躺在床上头朝向你抓住小屁股看好了，兜住小屁股头放在我的肘窝	无
6	10s	近景+特写	固定	配合台词"好了，好了"安抚宝宝；特写放大镜效果展示宝宝面部	好了好了爸爸妈妈一起学，随时都可以用到	无
7	2s	近景	固定	背景是爸爸妈妈在练习飞机抱，适当虚化，哆来咪上前打招呼做结束语	跟着哆来咪，每次一个小技巧	结束语音效

（3）将上述分镜头脚本填入剪映脚本编辑页面即可，如图3-24所示。

图3-24 剪映脚本编辑页面

至此，哆来咪的新作品"简单易学飞机抱，10s止哭小妙招"就完成了分镜头脚本。根据分镜头脚本完成拍摄后，可以将素材一一导入脚本编辑页面，点击右上角的"导入剪辑"，剪映就可以按镜号顺序快速拼接素材，提高了视频剪辑效率。

对比原本的口播类视频，在剪映脚本创作工具的帮助下，新作品中加入了新的呈现形式和叙事结构，是不是变得大不一样了？

任务总结

剪映提供了脚本创作的工具，关联了大量优质模板、内容创意，对内容创作非常有帮助，可以实现从脚本到剪辑无缝连接。脚本创作工具还支持多人协作，具有良好的可扩展性，有效加以利用能大大提高作品创作的效率和质量。

课堂练习

请大家根据本任务所学知识和技能，自选主题，创作文学脚本和分镜头脚本，要求如下。

（1）使用剪映脚本创作工具撰写脚本。
（2）利用剪映脚本模板。
（3）作品镜头数量不少于6个。
（4）有条件的人可以尝试在电脑端创作脚本，也可以尝试与学习小组成员共同创作。

项 目 总 结

本项目旨在培养读者在文案创意与视频脚本撰写方面的能力，希望读者学会如何利用创意网站或工具搜集优秀文案创意素材，整理素材并建立素材库，以备后续创作之用；掌握文案内容的排版和校对技巧，确保作品质量；能够撰写简单的视频脚本，并借助剪映完成短视频脚本的创作。通过本项目的学习，读者将具备创意搜集与整理的能力，以及撰写简单视频脚本的技能，为将来从事广告、媒体等领域的工作打下坚实基础。

项 目 练 习

1．单项选择题

（1）完成文学脚本后，可以使用巨量创意中的（　　）来进行脚本检测，避免出现违规字眼。

　　A．AI配音　　　　　　　　　B．智能配乐
　　C．预审工具　　　　　　　　D．直播诊断

（2）创作者小张在整理素材库的时候，分别建立了图片、视频、音频3个文件夹，这属

项目三 / 文 案 创 意

于（　　）素材库整理方法。

  A. 按媒体种类分类　　　　　　B. 按账号定位分类

  C. 按选题标签分类　　　　　　D. 按时间排序分类

（3）作为一个母婴类账号，（　　）热点事件适合作为账号选题方向。

  A. 大学生在宿舍的迷惑行为　　B. 你印象最深刻的春晚舞台瞬间

  C. 打工人放假有多开心　　　　D. 10个月的宝宝辅食怎么做

（4）文案校对是确保文案质量的重要环节，主要校对内容是（　　）。

  A. 拼写语法　　　　　　　　　B. 标点符号

  C. 逻辑表达　　　　　　　　　D. 以上都是

2. 不定项选择题

（1）素材是指用于创作和设计的各种资源和元素，常见的素材类型包括（　　）。

  A. 图像　　　　　　　　　　　B. 视频

  C. 音频　　　　　　　　　　　D. 文字

（2）自媒体创作者经常利用创意工具寻找灵感，经常用的创意搜集工具有（　　）。

  A. 巨量创意　　　　　　　　　B. 抖音热点宝

  C. 抖音创作服务平台　　　　　D. 蝉妈妈

3. 判断题

（1）镜号代表镜头序号，在实际拍摄中可以不按镜号顺序拍摄，但后期要按镜号整理剪辑顺序。（　　）

（2）按照账号定位分类建立自己的创意素材库的优点是，便于追踪素材的收集和更新情况，适用于按时间轴呈现的场景。（　　）

项目四

图片拍摄与处理

▎学习目标

- 能熟练使用智能手机拍摄图片。
- 能根据选题需要搜集并选配图片。
- 能使用简单工具对图片进行基础处理,完成指定的修图任务。

任务 4.1 用智能手机拍摄一组图片

任务描述

抖音摄影达人小满是一名户外摄影爱好者,经常辗转各地拍摄自然景观及人文风光。随着技术的升级,小满认为用智能手机拍摄出的图片质量已经很高,加上智能手机小巧轻便,非常适合他用于户外拍摄。今天我们一起跟着小满来完成前期拍摄任务。

(1)了解智能手机拍摄相关器材及使用方法。

(2)确定拍摄主题,明确希望通过图片传达的情感和故事。梳理拍摄任务单,确定拍摄地点、拍摄时间并准备拍摄器材,根据场景进行设备调试,完成拍摄前期准备。

(3)选择合适的构图和角度来突出主题,利用光线和阴影来创造视觉效果,尝试使用不同的拍摄模式来完成图片拍摄。

任务实施

本任务要求用智能手机完成图片拍摄,包括拍摄器材的准备、拍摄任务的制定,以及根据场景需求,选择合适的光线、构图、拍摄角度等。本任务可以分解为以下步骤:了解拍摄器材、明确拍摄任务和图片拍摄。

1. 了解拍摄器材——智能手机

智能手机常用拍摄模式包括自动模式、HDR 模式、夜景模式、全景模式、人像模式、风景模式、微距模式、运动模式和延时拍摄模式等,如表 4-1 所示。

表 4-1 智能手机常用拍摄模式

拍摄模式	描述
自动模式	自动选择最佳设置进行拍摄
HDR 模式	处理高光和阴影差异,获得更好的光照平衡和细节呈现
夜景模式	优化低光条件下的拍摄,提高细节呈现并减少噪点
全景模式	拍摄宽广的景观图片,通过拼接多张图片形成宽幅图片
人像模式	突出人物主体并模糊背景,实现背景虚化效果,突出人物特征
风景模式	优化拍摄风景,增强颜色饱和度和景深效果
微距模式	用于拍摄近距离的小物体或细节,实现清晰的放大效果
运动模式	优化拍摄快速运动场景,减少运动模糊
延时拍摄模式	拍摄一系列图片并合成延时动画或延时视频

关于智能手机拍摄模式需注意以下两点。

（1）不同的智能手机品牌和型号可能会有各自独特的拍摄模式，并且随着技术的发展，将不断推出新的模式。

（2）表 4-1 中列出的是一些常用的拍摄模式，根据具体手机的功能和设置，可能会有所不同。

智能手机拍摄具有小巧轻便的优势，同时还可以模仿单反相机的基础参数设置。智能手机拍摄常用参数如表 4-2 所示。

表 4-2　智能手机拍摄常用参数

参数	描述
分辨率	设置较高的分辨率以获得更清晰的图像
画面比例	常用拍摄比例有 4:3、1:1、16:9
白平衡	色调、色温调整，可调整画面冷暖
曝光补偿	根据场景的亮度调整曝光补偿
对焦	自动对焦及手动对焦（使用触摸屏对焦，确保主体清晰可见）
延时拍摄	倒计时拍摄，常见的有 3 秒、10 秒
实况	开启实况功能会为每张图片附加一个 3 秒的短视频，即拍摄的图片看起来静止，实际上会捕捉拍摄瞬间的动态，如微笑、摆动、跳跃等，这将使图片更加生动和有趣

2．了解拍摄器材——拍摄辅助设备

为了能拍摄出更好的效果，需要很多拍摄辅助设备，包括自拍杆、三脚架和支架、手持稳定器、外接镜头、补光灯与反光板等。

（1）自拍杆。自拍杆是风靡世界的自拍神器，它能够在 20cm ~ 120cm 长度间任意伸缩，使用者只需将手机固定在自拍杆上，通过遥控器就能实现多角度自拍，如图 4-1 所示。

图 4-1　自拍杆

（2）三脚架和支架。三脚架由可伸缩的支架和稳定器等组成。有的三脚架还具有扩展功能，支持安装补光灯、机位架等。除了常规的伸缩型三脚架，市面上还有许多颇具创意的便携型支架。常见的三脚架和支架如图 4-2 所示。

图 4-2　三脚架和支架

（3）手持稳定器。手持稳定器是一种专业的摄影设备，主要作用是去除或抵消手部抖动，实现平稳捕捉镜头的操作，如图 4-3 所示。手机稳定器除了能够防抖，还具有一键切换横竖屏、匀速平稳旋转、延时摄像、手势控制、动态变焦等功能。

（4）外接镜头。智能手机的外接镜头主要有长焦镜头、广角镜头、增距镜头、微距镜头、鱼眼镜头、电影镜头和人像镜头等多种类型，常用的有人像镜头、微距镜头和电影镜头，如图 4-4 所示。

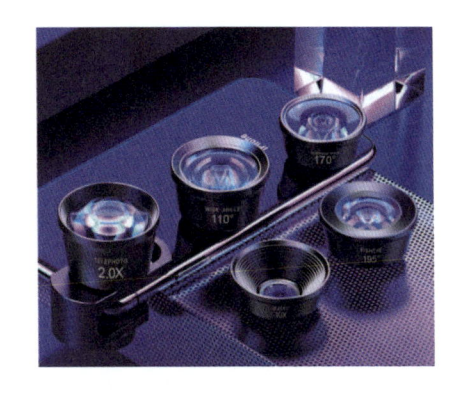

图 4-3　手持稳定器　　　　　图 4-4　智能手机外接镜头

（5）补光灯与反光板。

目前，手机摄影常用的补光灯是 LED 补光灯，亮度稳定。LED 补光灯大致分为便携 LED 灯、手持 LED 灯和影视专业 LED 灯。

反光板利用光的反射来对被摄主体进行补光，大多用于人像和静物的拍摄。反光板一般很轻便，在室外可以起到辅助照明的作用，有时也可以作为主光源。补光灯与反光板如图 4-5 所示。

图 4-5　补光灯与反光板

3．明确拍摄任务

正式的拍摄任务（有时也叫拍摄大纲）一般要明确拍摄主题、拍摄时间、拍摄地点、拍摄角度、拍摄构图、拍摄工具等，目的是让拍摄工作更明确、清晰和有序，以获得出色的拍摄效果。拍摄任务单示例如表 4-3 所示。

表 4-3　拍摄任务单示例

任务要点	描　　述
拍摄主题	湿地公园景观、同创汇创意园
拍摄时间	2023 年 6 月，白天，晴
拍摄地点	海珠湿地公园、海珠同创汇，预计拍摄地点数量 2 个
拍摄角度	尝试不同的角度，如俯视、仰视、侧视或人物眼位角度
拍摄构图	运用对称、透视、对比等构图技巧
拍摄工具	手机自带的相机应用或第三方应用，手机三脚架或手持稳定器
其他事项	（1）尊重他人隐私，遵守当地法律和规定，避免拍摄未经许可的人物或私人场所；（2）注意人流和交通，确保自己和周围人的安全；（3）观察周围环境和场景的变化，捕捉生动的瞬间和有趣的互动；（4）尝试捕捉当地特色和文化，如传统建筑、街头艺术、当地美食等，展现城市的多样性；（5）利用阴影、反光和光影的变化，营造有趣的画面效果和视觉层次

4．图片拍摄

（1）手机拍摄设置。

① 拍摄比例设置。常用拍摄比例有 4:3、1:1、16:9，根据拍摄画面主题选择合适的比例。不同比例的拍摄画面如图 4-6 所示。

画面比例4∶3

画面比例1∶1

画面比例16∶9

图 4-6　不同比例的拍摄画面

② 曝光补偿设置。如果画面过暗，可以增加曝光补偿，提升画面亮度（阴雨天、傍晚场景使用居多）；如果画面过亮，可以降低曝光补偿，防止画面过亮丢失细节。不同曝光补偿效果对比如图 4-7 所示。由图 4-7 可见，由于日照强烈，如果继续增加曝光补偿会使天空失去颜色和细节，适当降低曝光补偿，天空颜色更加鲜艳。

曝光补偿（+0.3）

曝光补偿（+0.0）

图 4-7　不同曝光补偿效果对比

曝光补偿（-1.3）

图 4-7　不同曝光补偿效果对比（续）

③ 色温调整。通过色温调整可以调节画面的冷暖色调。例如，白天拍摄时，画面会偏蓝（冷色调），如果需要拍摄出暖和的氛围，可以增加色温值，使画面偏黄（暖色调）。一般情况下，同一场景主题，建议色调保持一致。色温调整效果对比如图 4-8 所示。

标准

暖色调（+3.0）

冷色调（-5.0）

图 4-8　色温调整效果对比

（2）确定画面构图及拍摄角度。

画面构图及拍摄角度常用分类及说明如表 4-4 和表 4-5 所示，拍摄时可按实际需求选择。

表 4-4　画面构图常用分类及说明

分　类		说　明
构图方式	对称构图	将主体放置在画面中心，左右对称，创造平衡感和稳定感
	黄金分割构图	将画面分为三等分，主要元素位于黄金分割点，创造美感和平衡感
	透视构图	利用线性透视效果，将画面向深处延伸，营造空间感和层次感
	对角线构图	通过对角线线条的引导，将画面分割成两个部分，创造紧张感和动感
	空间构图	合理利用画面空间，给主体留出足够的空间，创造舒适感和宽广感

表 4-5　拍摄角度常用分类及说明

分　类			说　明
拍摄角度	竖直方向	俯视角度（俯拍）	拍摄大范围的景观、城市街道、人群活动等场景。强调被摄主体的规模和布局，如建筑物、广场、人群等
		仰视角度（仰拍）	强调高大主体的威严感和力量感，如高楼、树木、塔楼等。创造戏剧性的视觉效果，让主体显得更壮观和庄重
		平视角度（平拍）	适用于人物、街道、日常生活等常见场景。传递真实、平实的感觉，让观众与被摄主体有更直接的沟通
	水平方向	正面角度	拍摄被摄主体的正面，适用于人物、建筑物、车辆等具有明显正面特征的场景。画面端正、稳重，第二人称视角，有对话感，常用于以直播和口播为主的短视频
		背面角度	拍摄被摄主体的背面，适用于人物、商品、运动、舞蹈等场景。画面有神秘感，第一人称视角，有代入感
		侧面角度	拍摄被摄主体的侧面，适用于人物、商品、建筑物、车辆、运动等场景。画面轮廓清晰，第三人称视角，有观察感
		斜侧角度	拍摄被摄主体的斜侧面，可以是正面与侧面之间，也可以是侧面与背面之间的任意角度，适用于各种场景。画面富于变化，强调主体的不稳定感和动感，可带来视觉冲击和新颖体验

关于拍摄角度需注意，竖直方向的平拍在水平方向上可以分解为 4 种基本角度，竖直方向的仰拍和俯拍也可以在水平方向上分解为 4 种角度，拍摄角度可以看成竖直方向和水平方向的组合。例如，水平方向的正面角度与仰拍就是正面仰拍，侧面角度与仰拍就是侧面仰拍，背面角度与俯拍就是背面俯拍。

（3）对焦设置。

对焦是指调整镜头焦点与被摄主体之间的距离，使被摄主体成像清晰的过程。手机拍摄的对焦方式分为自动对焦和手动对焦两种。对焦正确及错误对比如图 4-9 所示。

（4）焦距设置。

智能手机拍摄时通常具备多种焦距选项。广角适合拍摄宽广的景观，标准镜头适合日常拍摄，望远镜头用于拍摄远距离的物体，微距镜头用于拍摄近距离的小物体，可以根据拍摄主题和场景需求来选择合适的焦距获得最佳效果。焦距设置对比如图 4-10 所示。

图 4-9 对焦正确及错误对比

焦距（3X）

焦距（1.9X）

焦距（0.5X）

图 4-10 焦距设置对比

（5）锁定对焦和曝光。

当手机与被摄主体之间的距离不会发生较大变化时，可以启用自动曝光/自动对焦锁定，这样在光线稳定的前提下，画面无论如何移动，被摄主体都会始终保持清晰且画面亮度统一。对焦过程中长按调整对焦及上下拖动曝光补偿可进入自动曝光/自动对焦锁定状态，如图 4-11 所示。

图 4-11　自动曝光/自动对焦锁定

任务总结

本任务主要讲解通过智能手机进行拍摄的相关知识。

首先，为了在手机摄影领域迈向更高的水平，可以考虑选择一个特定的主题或风格，如夜景、人像或宏观摄影，并深入研究、练习和探索该领域的技巧与创意。

其次，挑战复杂的拍摄条件，如高对比度场景、运动捕捉或逆光拍摄，以提升拍摄应对能力。

再次，拓宽视野，参观摄影展览，学习其他摄影师的作品，汲取灵感和学习经验。

最后，定期进行自我评估和反思，记录进步并寻找改进的空间。

通过上述策略，可以不断挑战自我，提升摄影技巧，发现手机摄影的无限可能性。

课堂练习

自拟主题，结合账号定位/主题拍摄一组图片。

要求所有图片需与账号定位/主题相关（风景、旅游、宠物、产品等），拍摄图片需曝光正常，对焦正确，主体清晰可见。完成拍摄并根据下面的要求挑选图片进行提交。（共 9 张）

（1）近景、中景、远景图片各一张。

（2）冷色调、标准色调、暖色调图片各一张。

（3）画面比例 4:3、1:1、16:9 图片各一张。

挑选出一张你认为最有特点、最能突出主题的图片。

任务 4.2　用醒图制作视频封面

任务描述

一幅精心设计的封面能够吸引观众的注意力,提高视频的曝光度和观看次数。小满已经完成了图片拍摄,现需要为主题为"青春有你,假日出行计划"的视频进行系列视频封面设计,请你帮助小满完成以下任务。

(1)根据主题选配一张图片,用醒图对其进行优化,包括图片尺寸、角度校正、色彩校正等。
(2)结合主题在醒图中搜索并添加合适的素材,如文字素材、边框素材、贴图元素等。
(3)对图片及素材进行图像合成、特效添加等操作,完成视频封面制作。
(4)用第三方工具完成封面裁切,形成系列视频封面。

任务实施

本任务要求用醒图完成视频封面制作,包括了解图片搜集规则,根据主题挑选合适的图片,对图片及素材进行处理,最终生成视频封面。此任务旨在提高创作者的素材挑选能力和图片处理能力,制作高质量的视频封面,提高视频的曝光度和观看次数。本任务可以分解为以下步骤:图片搜集与选配、素材组合添加、人物抠图添加、生成系列视频封面。

1. 图片搜集与选配

(1)了解视频封面的常见风格。通过为视频封面选择合适的风格,可以吸引观众的目光并激发他们的观看兴趣。视频封面的常见风格及其应用场景如表 4-6 所示。

表 4-6　视频封面的常见风格及其应用场景

风　格	应 用 场 景
鲜明亮丽	旅游、户外活动、体育赛事等充满活力和激情的视频内容
温暖柔和	家庭生活、美食、放松休闲等轻松愉快的视频内容
简约现代	科技、商务、教育等领域的专业形象展示
自然风景	旅行、自然探索、户外运动等与大自然相关的视频内容
动感运动	运动、舞蹈、极限运动等充满活力和动感的视频内容
故事叙事	纪录片、短片等叙事类视频内容
引人注目的人物	人物专访、时尚、艺术等与人物相关的视频内容

本任务的主题是"青春有你,假日出行计划",视频封面的风格可以选择鲜明亮丽或自然风景。

项目四／图片拍摄与处理

（2）了解图片搜集与选配规则。合规、相关性、高质量、唯一性或独特性、一致性和审美品位是进行图片搜集时的一些指导规则，如表4-7所示。遵循这些规则可以帮助我们选择合适的图片，以实现出色的视频封面设计。

表4-7　图片搜集与选配的规则

规　　则	说　　明
合规	确保使用的图片符合版权法规定，合法使用图片资源
相关性	选择与视频主题和内容相关的图片，传达准确的信息
高质量	选择高质量的图片，确保视觉效果出色
唯一性和独特性	选择与众不同的图片，突出视频的独特性和吸引力
一致性	如有品牌风格或标识，选择与之一致的图片，增强品牌形象
审美品位	根据个人或品牌审美品位选择符合风格的图片，吸引目标观众

（3）图片导入。

① 下载并安装醒图App。可通过手机应用商店搜索"醒图"，点击"安装"完成软件的下载和安装。

② 打开醒图App，点击"导入"，根据图片选配规则，在个人相册中选出最符合主题的一张图片（建议图片比例为4∶3或16∶9）。注意，如果需要添加多张图片进行拼合，可以打开醒图App，点击"导入"→"拼图"，进入拼图模式，在该模式下可选择2～9张图片进行拼合，系统会根据图片数量自动布局，也可以手动选择布局样式和拼接后的画面比例，如图4-12所示。

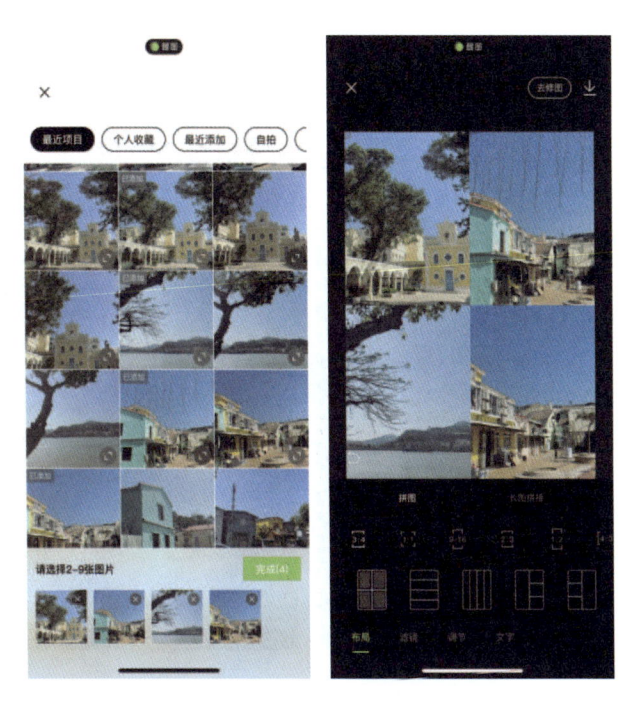

图4-12　拼图模式导入图片

79

本任务需要完成的是系列视频封面，即将一张大图裁切成若干张竖版小封面图，所以选择一张大自然风光横版图片。

（4）图片校正。

① 图片尺寸调节。考虑图片用于抖音短视频封面，一般建议比例为 16:9。在醒图的主菜单栏中点击"调节"→"构图"，滑动屏幕到最后一页，选择"16:9"，点击"裁剪"并点击"√"确认，如图 4-13 所示。

图 4-13　图片尺寸调节

② 角度矫正。裁剪后，使用"旋转"及"矫正"工具进行角度矫正。点击"旋转"工具，向左移动约 2 度并点击"√"确认；再点击"矫正"工具，选择"水平"，向左移动约 -25，使其画面边缘与海平面水平对齐并点击"√"确认，如图 4-14 所示。

图 4-14　角度矫正

项目四／图片拍摄与处理

③ 亮度和对比度调节。在醒图的主菜单栏中点击"调节",再点击"亮度"工具,将亮度增加 20 并点击"√"确认,再点击"对比度"工具,将对比度增加 30 并点击"√"确认,如图 4-15 所示。

图 4-15　亮度和对比度调节

④ 色温和色调调节。希望呈现青春洋溢的主题风格,可以将画面处理为偏蓝绿调。点击"色温"工具,将色温调整为 -30 并点击"√"确认;再点击"色调"工具,将色调调整为 -28 并点击"√"确认,如图 4-16 所示。

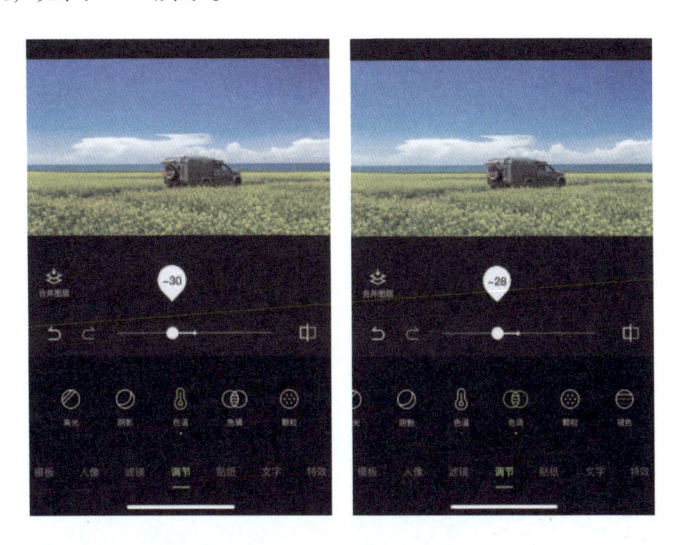

图 4-16　色温和色调调节

⑤ 饱和度调节。为了让画面色彩更鲜亮且和谐统一,可以将"饱和度"调整为 20,"自然饱和度"调整为 18,如图 4-17 所示。

81

图 4-17　饱和度调节

2. 素材组合添加

（1）文字添加

在醒图中可以通过文字工具自由输入文字，也可以通过醒图内置素材库找到相关文字标题进行直接引用。

① 在主菜单栏中点击"文字"→"文字模板"，选择"出游"分类，选择"假日出游计划"文字模板，如图 4-18 所示。

② 文字大小及位置调整。在屏幕中按住标题可以自由移动文字标题至指定位置，按住文字编辑框右下角的旋转按钮并拖动，可以调整文字模板大小，如图 4-19 所示。

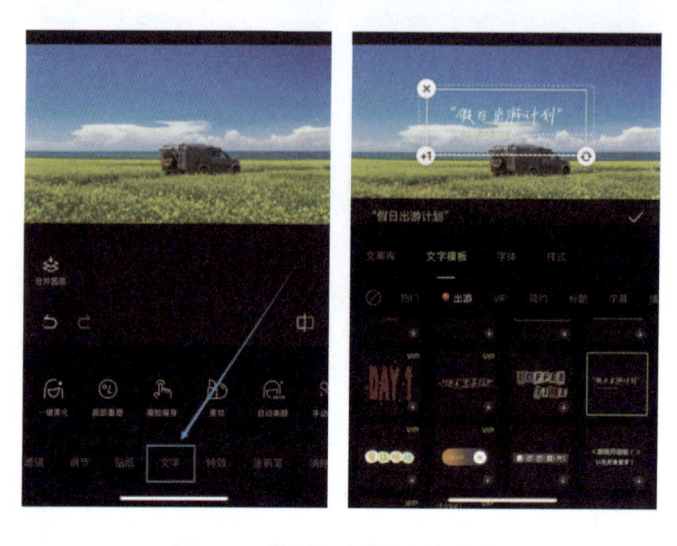

图 4-18　使用文字模板添加文字

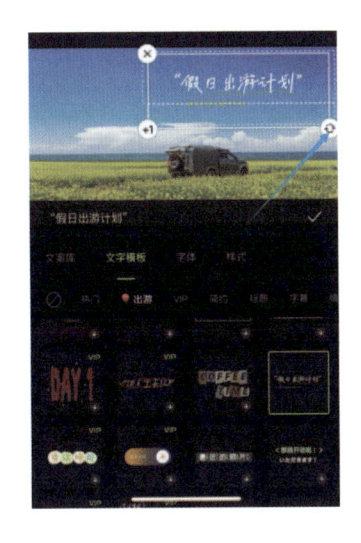

图 4-19　文字大小及位置调整

（2）贴纸添加。

在醒图中可以通过内置素材库找到相关贴纸直接引用。

① 在主菜单栏中点击"贴纸"，在搜索框中输入关键词"青春有你"，点击"搜索"，在出现的结果中选择合适的贴纸，点击即可添加，如图 4-20 所示。

② 贴纸位置及大小调整。与文字位置及大小调整的方式一致，将贴纸调整至合适的大小及位置，使主题清晰可见，如图 4-21 所示。

图 4-20　添加贴纸

图 4-21　贴纸位置及大小调整

3．人物抠图添加

（1）智能抠图。

醒图支持智能抠图及快速抠图，帮助我们快速获取图片中的局部元素。在上述工作基础上，点击主菜单栏中的"导入图片"，再次导入一张包含人物的图片，点击"智能抠图"，软件会自动识别图片中的人物主体，并选取该主体（选中区域会变为绿色）。确认抠图无误后点击"√"确认即可完成抠图，如图 4-22 所示。

图 4-22　智能抠图

项目四／图片拍摄与处理

（2）图像合成。

完成抠图后，人物主体会以类似贴纸的模式展示在画面中，可以用调整贴纸大小及位置的方式调整人物主体。在调整过程中注意避免人物变形且应符合画面比例，调整后的效果如图 4-23 所示。

图 4-23　图像合成

（3）特效添加。

在主菜单栏中点击"特效"→"基础"，点击"细噪"滤镜，将滤镜值调整为 30，如图 4-24 所示。

图 4-24　添加特效

（4）作品保存到作品集。

作品完成后，点击右上角的"⬇"进行保存，作品将存放在"首页"→"作品集"中，如图 4-25 所示。

85

图4-25 将作品保存在作品集中

（5）作品保存到手机相册及分享。

点击"首页"→"作品集"，可以查看草稿和已完成的作品，点击作品可进行再次编辑、分享抖音等操作。点击"保存"，可以将作品保存在手机相册中，如图4-26所示。

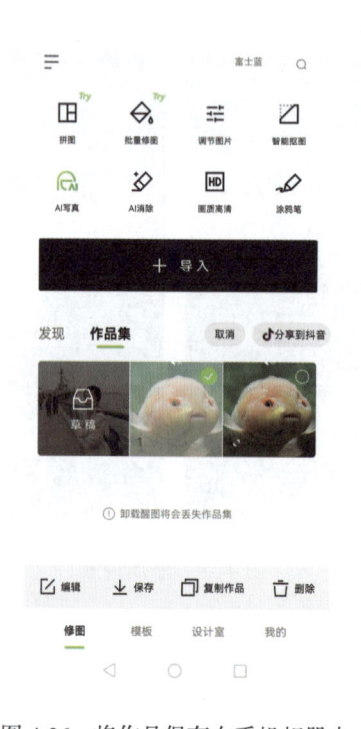

图4-26 将作品保存在手机相册中

4．生成系列视频封面

如果短视频时长太长，会影响完播率等数据，所以通常会将一段完整的视频拆分成多个部分。系列视频封面方便用户快速找到多个连续视频。制作系列视频封面最常用的工具是专业的图片处理软件 Photoshop，但 Photoshop 的专业度及操作难度较高，故这里使用第三方工具影优尽优进行裁剪，快速生成系列视频封面。

（1）注册影优尽优。

可在手机应用商店搜索"影优尽优"，下载并安装完成后打开软件，点击"我的"，使用手机号码完成账号注册，如图 4-27 所示。

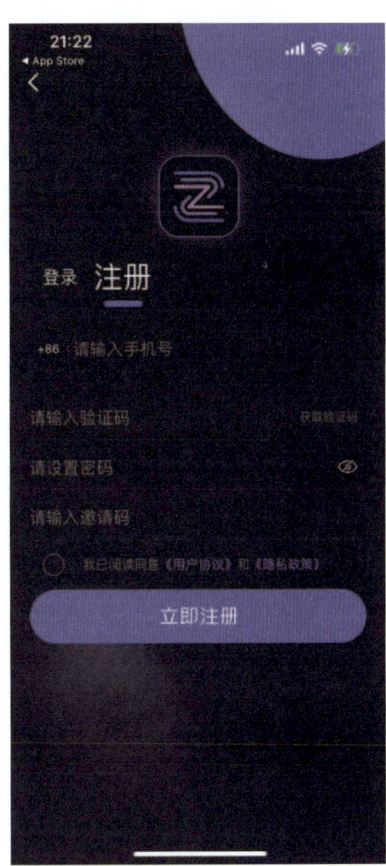

图 4-27　影优尽优账号注册

（2）使用抖音宫格工具。

登录影优尽优账号后，在首页的工具栏中滑动到第二个页面，找到并点击"抖音宫格"，选择刚刚完成的视频封面，如图 4-28 所示。

（3）画面内容调整。

删除图片自带的标题及日期，切图比例选择"抖音 4∶3"，移动裁切框到合适位置，确认无误后点击"裁剪"，即可完成视频封面切图，点击"保存到相册"，如图 4-29 所示。

图 4-28 抖音宫格

图 4-29 图片裁剪与保存

（4）封面上传。

导出后的系列视频封面将保存在手机相册，如图 4-30 所示。发布系列视频时，即可用选择手机相册中的图片作为系列视频封面（注意视频先后顺序）。

图 4-30　系列视频封面

任务总结

本任务详细介绍了使用手机 App 醒图进行图片处理的相关技能，包括调整图片尺寸、矫正角度、调整色彩、添加文字和贴图、智能抠图及特效等。此外，醒图还提供了更多进阶功能，如滤镜、马赛克和创意玩法等，值得大家去尝试和探索。

设计不同主题的短视频封面时，需要认真思考参数调整、色调风格、装饰元素的选配等。完成作品后，建议进行自我评估和反思，寻找改进空间。这样才能提升审美能力，学会更多处理技巧，提高工作效率。

课堂练习

结合账号定位 / 视频主题挑选一张图片，运用醒图对图片及素材进行处理，完成系列视频封面制作，要求如下。

（1）画面主题清晰明了。
（2）文字类型选择、图案添加贴合主题。
（3）画面有主有次，排版构图合理。
（4）封面有创意、有视觉亮点。
（5）将图片制作成系列视频封面（三、六、九宫格均可）。

项 目 总 结

在内容创作中，图片拍摄、图片处理都是至关重要的。通过对本项目的学习，希望大家能掌握使用智能手机拍摄图片的技巧，能够根据主题的需要搜集并选配与主题相符的素材，以提高作品的质量和表现力；学会使用简单工具对图片进行基础处理和修图，使图片更具美感和专业感。

项 目 练 习

1. 单项选择题

（1）选择（　　）可以拍摄大范围的景观、街道、人群，主要强调被摄主体的规模和布局。
　　A. 俯拍　　　　　　　　　　B. 仰拍
　　C. 平拍　　　　　　　　　　D. 侧拍

（2）对称构图是将主体放置在画面（　　），左右对称，创造平衡和稳定感。
　　A. 左侧　　　　　　　　　　B. 右侧
　　C. 中心　　　　　　　　　　D. 三分之一处

（3）在用智能手机拍摄时，选择（　　）可以拍摄近距离的小物体或细节，实现清晰的放大效果。
　　A. 夜景模式　　　　　　　　B. 微距模式
　　C. 全景模式　　　　　　　　D. 运动模式

（4）不支持抖音账号注册的数字媒体基础软件是（　　）。
　　A. 剪映　　　　　　　　　　B. 词多多提词器
　　C. 图虫　　　　　　　　　　D. 醒图

2. 不定项选择题

（1）拍摄角度按水平方向，可以分为（　　）。
　　A. 正面角度　　　　　　　　B. 背面角度
　　C. 侧面角度　　　　　　　　D. 斜侧角度

（2）醒图的功能包括（　　）。
　　A. 运镜　　　　　　　　　　B. 滤镜
　　C. 马赛克　　　　　　　　　D. 智能抠图

3. 判断题

（1）一般情况下，手机的分辨率越高，则拍摄出的画面越清晰。　　　　　　　（　　）
（2）用于抖音短视频的封面图片，一般建议比例为 4：3。　　　　　　　　　（　　）

项目五

视频拍摄与剪辑

学习目标

- 能根据视频拍摄方案，完成拍摄前的准备工作。
- 能根据视频拍摄方案，使用智能手机拍摄视频素材。
- 能使用简单工具，完成视频裁剪、视频调色、字幕添加、音效添加等工作。

任务 5.1　非遗豆腐皮短视频拍摄前的准备

任务描述

抖音账号 @大学生见闻录的运营者小夏是一名在校大学生，为了弘扬工匠精神，展示传统技艺，并表现当代大学生探索社会实践的积极风貌，她接到了家乡非遗传承手艺清流豆腐皮制作工艺的拍摄任务。通过调研，她决定拍摄当地比较有名气的手艺师傅兰女士制作清流豆腐皮的过程，请帮助她完成前期拍摄准备任务。

（1）理解拍摄任务，对关键信息进行解读后，写出拍摄 Brief（此时翻译成需求说明书或任务简介）。
（2）撰写文学脚本和分镜头脚本。
（3）准备拍摄所需的服化道、拍摄器材、场地、出镜人员。
（4）确认拍摄流程，把控拍摄时间及成本。

任务实施

本任务要学习视频拍摄前的一些准备工作，主要是对任务的理解和服化道的准备。对任务的理解要落地到任务的关键信息解读并撰写脚本表达出来的程度。

1. 理解拍摄任务

在本任务中，有以下 4 个关键信息。
① 达人身份：在校女大学生。
② 拍摄定位：以大学生视角，通过社会实践来探索、弘扬工匠精神，展示传统技艺。
③ 拍摄对象/事项：手艺师傅兰女士，清流豆腐皮的制作工艺。
④ 主要内容和剧情：大学生参与到豆腐皮工艺制作中，用亲身实践，分享心得感悟。

在任务管理中，为了能够清楚地表达客户诉求，客户（甲方）经常使用 Brief 定义视频拍摄和制作要求，拍摄方（乙方）也需使用 Brief（此时翻译成任务摘要或创意简报）来回应客户，确认是否完全理解了客户的要求。拍摄方撰写的视频拍摄 Brief 一般要包含拍摄主题、拍摄场地、拍摄人物、拍摄形式、参考视频、创意构思、调研拍摄人物/事件、重点拍摄画面等。

根据对拍摄任务的理解，小夏撰写了本次视频拍摄 Brief，如表 5-1 所示。

表 5-1　视频拍摄 Brief

项　目	描　述
拍摄主题	非遗传承手艺清流豆腐皮制作工艺
拍摄场地	清流豆腐皮制作工坊

续表

项　目	描　述
拍摄人物	非遗手艺传承人兰女士（若兰女士没空可由现场手艺师傅替代角色）
拍摄形式	真人实地探访，类似拍摄人文纪实或纪录个人所见所闻的拍摄形式
参考视频	辞职体验100种工作
调研拍摄事件	清流县嵩溪镇，素有"豆腐皮之乡"的美称。2009年，嵩溪豆腐皮传统制作技艺，荣登省级第三批非物质文化遗产名册。嵩溪豆腐皮也称"腐竹"，制作工艺历史悠久，据史料记载，豆腐皮始于清嘉庆六年，最初称"笋皮"，是用豆浆在煮熟时，产生一种漂浮的块片，捞起晾干而成。产品经过几代人的摸索、打磨，日益完善，有清凉、滋阴之效，是宴席之佳品……
调研拍摄人物兰女士	"全国劳动模范""全国农村青年致富带头人""全国优秀农民工""全国三八红旗手""全国农村创新创业优秀带头人"等荣誉称号，清流豆腐皮制作技艺传承人……
重点拍摄画面	师傅制作的画面、大学生与师傅互动的画面、大学生参与制作的画面

2．撰写文学脚本和分镜头脚本

文学脚本能比较完整且简练地表达创意，常常用于与客户的沟通或团队审查中。小夏根据调研和走访，撰写了文学脚本，如表5-2所示。

表5-2　文学脚本

主题	大学生体验100种社会实践第一期：非遗手艺之豆腐皮
文学脚本	我在大山深处找到了一个传承800多年的清朝贡品，传说这是800年前文天祥护送国母杨太后路过这座小山庄时，留下的皇家豆腐皮制作工艺。传说不知真假，但这里的豆腐皮风味确实独特。我到的时候，师傅已开始揭皮晾干了。制作师傅告诉我，他们四五点就要起来磨豆浆，有时候要忙到半夜才能休息，真的非常辛苦。而在科技发达的今天，这里依然使用原始费时的制作工艺，柴火慢烘慢烤。师傅说烤到半干之后还要再裹一层浆，接着烘烤，这样做出来的豆腐皮风味更好，并且不添加任何添加剂，是纯天然绿色食品。得益于这里适宜的气候和无污染的山泉水，孕育出上好的珍珠黄豆，再经过去皮、磨浆、熏制等十几道繁杂的工艺流程，才有了这柔韧香滑的口感。2009年，这里的豆腐皮制作工艺被列为"中国地理标志保护产品"、省级"非物质文化遗产"。弘扬工匠精神，展现传统工艺！豆腐皮收官

当客户认可文学脚本后，就可以撰写分镜头脚本了。分镜头脚本常用于与拍摄剪辑人员的沟通，是拍摄剪辑人员的工作指南，也是内容创意从文字形式向视频形式过渡的第二次创作。分镜头脚本的有关知识在《自媒体运营（中级）》中还会涉及，这里仅简单介绍，以便创作者能读懂分镜头脚本。分镜头脚本一般采用表格形式呈现，如图5-1所示。

分镜头脚本								
拍摄主题：						总时长：		
镜号	景别	拍摄角度	运镜	场景	画面内容	字幕	背景音乐/音效	时长	备注
1								
2								
3								
4								
5								
6								
7								
8								
9								

图5-1　分镜头脚本的呈现形式

分镜头脚本的具体内容多样,没有约定的标准,一般由镜头类别、画面内容、字幕、时长等要素构成。

其中,镜头类别又细分为多个要素。

① 镜头顺序号(镜号):镜头在视频中出现的位置顺序编号。

② 景别:根据景距、视角的不同,可以分为大远景、远景、全景、中景、近景、特写等,如图 5-2 所示。

③ 拍摄角度:参考第 4 章表 4-5。

④ 运镜:固定、推、拉、摇、移、跟随、升降等。

⑤ 表现方法:主观镜头和客观镜头。

⑥ 时间:长镜头、短镜头(不是分镜头脚本中的时长)。

⑦ 空镜头:无人物主体或具体表现。

图 5-2 景别示意图

根据实际需求,小夏选择了一些要素,撰写了本次拍摄的分镜头脚本,如表 5-3 所示。

表 5-3 分镜头脚本

拍摄主题		大学生体验 100 种社会实践第一期:非遗手艺之豆腐皮				总时长	60~90s
镜头数	景别	拍摄角度	运镜	画面内容	字幕	背景音乐/音效	时长
1	全景	正面	摇	环境景,空镜头	我在大山深处	轻快背景音乐	1.5s
1	中景	正面	跟随	大学生在厂房门口挥手后,转身走入厂房内	找到了一个传承 800 多年的清朝贡品		3.5s
3	近景、特写			大学生参与制作画面	大学生体验 100 种社会实践第一期:非遗手艺之豆腐皮		5s
1	全景	正面	摇	大学生接住抛起的豆腐皮	中国豆腐皮之乡走起	同期声	4s
3	全景	正面	固定	环境景,空镜			3s

续表

镜头数	景别	拍摄角度	运镜	画面内容	字幕	背景音乐/音效	时长
5～7	中景、特写			大学生参观画面、豆腐皮相关制作工艺展示	传说这是800年前文天祥护送国母杨太后路过这座小山庄时，留下的皇家豆腐皮制作工艺。传说不知真假，但这里的豆腐皮风味确实独特		16s
2	中景	正面	固定	师傅指导大学生揭皮工艺	我到的时候，师傅已开始揭皮晾干了，制作师傅告诉我		6s
2～3	中景	侧面	跟随	师傅制作画面	他们四五点就要起来磨豆浆，有时候要忙到半夜才能休息，真的非常辛苦	同期声	8s
3～4	全景、特写、中景	正面	跟随、固定	达人拿柴帮忙烧火	而在科技发达的今天，这里依然使用原始费时的制作工艺，柴火慢烘慢烤		
2～4	特写、中景	正面	固定	师傅裹浆烘烤豆腐皮	师傅说烤到半干之后还要再裹一层浆，接着烘烤	同期声	3s
1	中景	正面	固定	大学生手拿豆腐皮成品	这样做出来的豆腐皮风味更好		1s
1～2	特写			豆腐皮制作工艺展示	并且不添加任何添加剂		2s
13	中景	正面	固定	大学生竖起大拇指	是纯天然绿色食品		1s
1～2	全景	正面		环境、泉水，空镜	得益于这里适宜的气候和无污染的山泉水		2s
1	近景	侧面	固定	清洗黄豆	孕育出上好的珍珠黄豆		1s
3～5	特写、中景、近景			制作流程	再经过去皮、磨浆、熏制等十几道繁杂的工艺流程		4s
1	特景	正面	横移	豆腐皮成品菜	才有了这柔韧香滑的口感		1s
2～4	特写	正面	固定	相关证书奖牌（如无则用大学生相关镜头替代）	2009年，这里的豆腐皮制作工艺被列为"中国地理标志保护产品"、省级"非物质文化遗产"		8s
1	中景	背面	摇	大学生送别	弘扬工匠精神，展现传统工艺！		3s
					豆腐皮收官（文字突出）	特效	

拍摄探访类视频时，分镜头脚本无须写得太详细，主要镜头画面写好即可。因为在实际探访中会有许多不可控因素，如人员、场地，有些画面不一定能拍摄得到，需结合实际情况调整拍摄，多记录实探过程、人物对话或某些精彩瞬间。后期在剪辑时，可根据实际情况重新调整。

3. 准备拍摄所需的服化道、拍摄器材、场地、出镜人员

出外景拍摄都要提前做好相关准备工作，一般使用外拍任务单确认准备情况，精简的外

拍任务单如表 5-4 所示。

表 5-4 外拍任务单

拍摄场景	清流豆腐皮制作流程
演员／妆造	大学生：活泼女大学生形象，衣着简单纯色系，扎马尾，妆容清新 制作师傅：衣着干净得体
道具	食品制作专用口罩×5，食品制作专用手套×5
拍摄器材	手机×1，手机稳定器×1，便携补光灯×2，领夹麦克风（一拖二）×1，移动电源×1
出行	自驾

4．确认拍摄流程，把控拍摄时长及成本

确认拍摄流程：提前与视频出镜人物协商拍摄时间及拍摄场地、能出镜的豆腐皮制作师傅，与摄影师、灯光师确定行程。

拍摄耗时：路程往返用时 4 小时，拍摄用时 2 小时。

成本：出行车辆，道具采买，拍摄器材，人工。

任务总结

在视频拍摄前，需对任务充分解读，明确视频拍摄主题、目的、内容、创意和流程等，特别是需要团队协作时，还需制定完整的拍摄方案（包含 Brief、脚本、外拍任务单等），甚至制定应急预案，如预备演员、预备器材、预备拍摄方案等。

课堂练习

根据本任务所学技能，请大家完成一条视频拍摄的前期准备工作，要求如下。
（1）选题范围：院校所在城市特色风景、门店或产业探访拍摄。
（2）拍摄目的：宣推所在城市。
（3）拍摄风格：实录探访。
（4）拍摄时长：30s 左右。

任务 5.2 拍摄非遗豆腐皮短视频素材

任务描述

小夏在完成视频拍摄的准备工作后，接下来要根据拍摄方案进行视频素材的拍摄。请帮助她完成以下任务。
（1）了解视频拍摄的要求和注意事项。
（2）根据脚本按流程完成视频素材拍摄。

（3）保存视频素材。

任务实施

在视频拍摄前，一般要了解视频拍摄的要求和注意事项，确认拍摄工作符合要求。之后会根据脚本，按流程拍摄视频素材。完成视频素材拍摄后，要及时将视频素材保存，以便后期处理。

1. 视频拍摄的要求和注意事项

（1）分辨率和帧率。较高的分辨率可以提供更清晰的画面，较高的帧率可以带来更流畅的动态效果。通常情况下，设置为1080p（分辨率）和30帧/秒（帧率）。

（2）确保光线充足。尽量在明亮的场景下进行拍摄，避免强烈的逆光或过度阴暗的情况。如果条件允许，可以利用自然光，否则，需要用灯光照明。

（3）稳定镜头。手机画面抖动会影响观看体验。除了使用手机的稳定功能（如OIS或EIS），外景拍摄时，还要用到手持稳定器，才能保障画面稳定。如果同时携带三脚架，稳定性更高。

（4）声音质量。外景拍摄时，应携带专门的收音设备，如一拖二小蜜蜂。即使环境噪声较大时，也能获得良好的收音效果。

（5）构图和视角选择。根据拍摄主题选择合适的画面构图和角度，确保拍摄对象清晰明确，兴趣点集中。

（6）拍摄设置调整。熟悉手机摄像的基本设置，如白平衡、对焦和曝光，能根据需要快速进行调整。

（7）注意存储空间。视频文件相对较大，因此要确保手机有足够的存储空间来保存拍摄的视频素材。如果存储空间不足，应及时清理不需要的文件，或者使用云存储、移动硬盘备份素材。

（8）后期制作。在拍摄完成后，可以使用手机上的视频编辑软件进行后期制作，进一步提升视频质量和观看体验。这部分将在下一任务中展开讲解。

拍摄视频是一种创作，应鼓励摄影师充分发挥主观能动性，拍出更好的素材。

2. 视频拍摄流程

根据上一任务撰写的分镜头脚本进行拍摄。下面逐一说明拍摄要点，注意与分镜头脚本一一对应。

（1）片头内容。

① 开头的1.5s是视频的第一个镜头，用全景镜头来交代视频大环境，告诉观众拍摄的内容与乡村题材有关，明确作品定位，如图5-3所示。

② 拍摄女大学生，将人物放在画面中间偏右侧，人脸位于九宫格中的黄金分割点上，以凸显青春美丽的女大学生，镜头跟随人物交代小环境，如图5-4所示。

图 5-3　用全景镜头来交代视频大环境　　　　图 5-4　跟拍人物交代小环境

③ 用特写镜头拍摄产品（豆腐皮），告诉观众本期要介绍的主要内容，特写能强调拍摄对象的质感，抓住观众的注意力，如图 5-5 所示。

④ 将人物与产品同框，人脸依旧放在九宫格黄金分割点上，拍摄的豆腐皮放在一角，也可利用广角镜头边缘拉扯的原理，得到物体放大的效果，让豆腐皮显得更饱满，如图 5-6 所示。

图 5-5　特写镜头拍摄产品　　　　图 5-6　人物与产品同框

⑤ 镜头由上摇下，跟随产品接到达人手中，常用这种运镜加动作进行两个镜头间的转场，让场景转换更自然，用摇镜告诉大家拍到这里，正片要开始了。

（2）正片内容。

① 将沿途出现的风光、人文拍摄记录下来，这类空镜可以帮助我们控制视频节奏，流畅转场，让观众了解拍摄的环境，第一人称视角带给观众一种沉浸感，就像跟随摄制组一起驾车出发探寻一样。这里使用了超广角无稳定器手机拍摄，视频可展现的视野更大，画面跟随汽车轻微抖动，如图5-7所示。

② 到达目的地后，采用达人与镜头互动的方式邀请观众一起探寻，切换至观众视角，如图5-8所示。用手机常规镜头拍摄，减少镜头畸变。运镜时需要平稳，避免抖动。目前在抖音平台，最容易起量的视频大多采用这类纪实拍摄手法。最简单的表现方式，却最具真实性。

图 5-7　第一人称视角带给观众沉浸感　　图 5-8　达人与镜头互动（与观众互动）

③ 在室内拍摄人物时可用补光灯或灯棒对人物进行补光，如图5-9所示。注意不要直接用灯照射，灯具前应加上柔光纸或柔光罩。最佳的方式是将灯光照射在米菠萝（泡沫板）上，再由米菠萝反射到人物身上，这样的补光最为柔和。白天在户外拍摄时，可以用反光板补光。补光强度由环境亮度决定，切忌出现曝光过度等硬伤。

④ 拍摄产品（豆腐皮）时，镜头由达人的一个动作摇至产品，再由产品拉出，拍摄达人与产品的互动，镜头应尽量多地框入产品，体现其制作规模，如图5-10所示。拍摄产品特写时，使用长焦镜头拍摄，镜头应尽量拉近，更好地展现产品质感和细节。由于焦距较长，需要注意对焦，可以在手机屏幕上长按来定住焦点，避免移动镜头拍摄时出现模糊。

⑤ 拍摄两人或多人同框的镜头，尽量将人脸放在九宫格的焦点上，避免人脸拉伸变形。可使用前后景搭配的构图方式，达人在前介绍，工人在后忙碌，这样既能使画面美观，拉出透视关系，又能在一个镜头中区别达人与工人，如图5-11所示。

图 5-9　室内拍摄人物时注意补光 　　　　　　图 5-10　多组移镜头展示制作规模

⑥ 用补光灯或灯棒对食品进行正面补光是通用做法，可以让食品更有光泽，激发观众的食欲，可将补光灯的柔光罩取下，直接照射，使画面出现高光，如图 5-12 所示。

图 5-11　透视关系的多人同框拍摄 　　　　　　图 5-12　通用的食品高光拍摄

⑦ 展示豆腐皮制作工艺时，综合运用了推、拉、摇、移、跟等运镜技巧，追求流畅感。利用透视近大远小的原理，制造空间感。在拍摄产品时，将产品拿到离镜头很近的位置，可以使产品显得"大""分量足"。如果拍摄中遇到场景较乱，又难以避开的情况，可以使用大光圈模式，聚焦前景虚化背景。如果画面颜色不理想，可以调节白平衡。如果光照不足，则可以适当调节曝光。

⑧ 展示"无污染"时，使用了空镜头，画面与台词匹配度高，也可以缓解持续的工厂画面导致的视觉疲劳，如图 5-13 所示。拍摄环境时，可使用手机的延时拍摄功能。延时拍

摄常用于表现时间流逝、天气变化、人潮和车辆川流不息等场景。

⑨ 用慢镜头记录液体流动，可得到高级的动态画面。目前手机一般可支持每秒 120～240 帧的拍摄，拍摄出的视频流畅，是体现拍摄对象特性、提升画面质感的一种方法，如图 5-14 所示。

图 5-13　拍摄空镜头　　　　　　　　图 5-14　慢镜头突出液体流动性

⑩ 拍摄达人与其他人互动的镜头时，要时刻注意达人的形象美，尽量避免把"人拍矮了""脸拍大了"等硬伤，拍摄人物全身时，尽量将脚底位置卡在镜头下侧，利用广角畸变使腿变得细长，头则应尽量保持在中间偏上区域，可以减小镜头对脸部的拉伸，使脸看起来较小较瘦，如图 5-15 所示。

视频结尾采用透视构图，将达人、工人与大山放在同一个镜头中，配合达人手势，让镜头起到总结全片的效果，如图 5-16 所示。

图 5-15　拍摄人物全身时的镜头处理　　　　图 5-16　透视构图总结全片

3. 视频素材保存

所有视频素材拍摄完成后，要及时保存至计算机、云盘或移动硬盘中，防止丢失或损坏。

（1）在计算机上创建一个专门的文件夹，在其中组织好视频素材。可以按照日期、项目名称或其他分类方式进行命名和分组。创建视频素材库的有关技能将在《自媒体运营（高级）》（证书名）中介绍。

（2）如果有重要的视频素材，最好进行备份，可以将其复制到外部硬盘、云盘或其他可靠的存储设备上。

（3）对于较长时间不使用的素材，或者是使用率极低的素材，可以考虑将其压缩，以释放存储空间。

任务总结

本任务学习了拍摄注意事项、根据分镜头脚本进行手机拍摄的方法，以及视频素材保存的说明。手机技术不断进步，手机拍摄的优势也越来越明显。智能便捷、易上手、易分享交流使得手机拍摄的作品越来越多，手机拍摄成为记录生活的必备技能。

课堂练习

请大家以"家乡美食"为主题，拍摄一条短视频，要求如下。
（1）选择的特色美食要有"差异化"，最好还有相关的故事。
（2）展示从食材到成品的制作过程。
（3）视频时长一分钟左右，需配台词。

任务 5.3　非遗豆腐皮短视频的后期制作

任务描述

小夏已完成非遗豆腐皮短视频的素材拍摄，接下来要进行后期制作，形成最终作品，请帮助她完成以下任务。
（1）使用剪映对视频的比例大小进行裁剪，准确截取所需视频的片段，并合成素材。
（2）使用调色工具，使视频色调协调统一。
（3）使用字幕工具，给视频添加字幕。
（4）给视频添加合适的音效或背景音乐，增强视频感染力。

任务实施

任务分析：拍摄完即成片的作品少之又少，且需要很高的专业水准，而视频后期制作的

项目五 / 视频拍摄与剪辑

意义和作用正在于完善作品，提升视觉效果，加强故事表现力，增加专业感，以及营造氛围和情绪，使视频更具吸引力。

1．视频裁剪

该任务涉及的视频素材有多条，下面分别进行处理。

（1）用裁剪工具实现人物主体比例调整。打开剪映，点击"开始创作"，将需要编辑的视频素材 184002.mov 导入，点击"剪辑"→"编辑"→"裁剪"，拖动画面边框，裁掉一部分，剩余画面铺满后，人物占画面的比例得以放大。使用这种方法，将所有视频素材的人物比例进行适当调整，使各段视频素材中的人物比例协调。具体操作如图 5-17 所示。

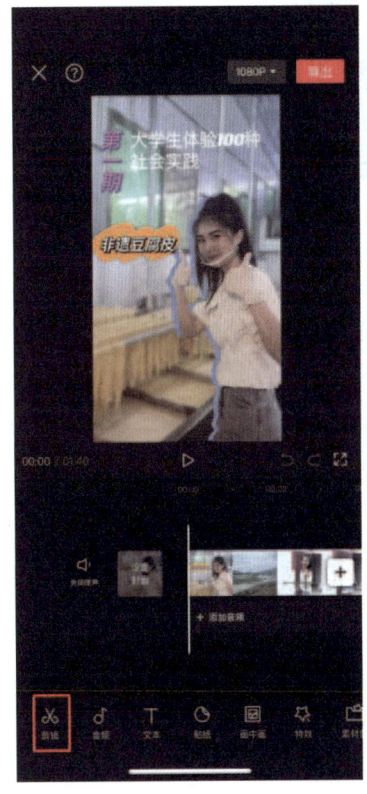

图 5-17　视频人物主体比例调整

（2）内容裁剪。打开剪映，点击"开始创作"，将需要编辑的视频素材 184003.mov 导入，点击"剪辑"→"分割"，按住视频轨道左右滑动，使时间轴线停在需要分割的位置，点击"分割"，这样视频素材就被分割为两部分，选中不需要的部分，点击"删除"，剩余的部分就是我们需要的素材片段。注意，如果分割位置选择得不够准确，可以先将视频轨道放大，以便更精确地确定时间轴位置。使用相同的操作完成所有视频素材冗余部分的裁剪。具体操作如图 5-18 所示。

103

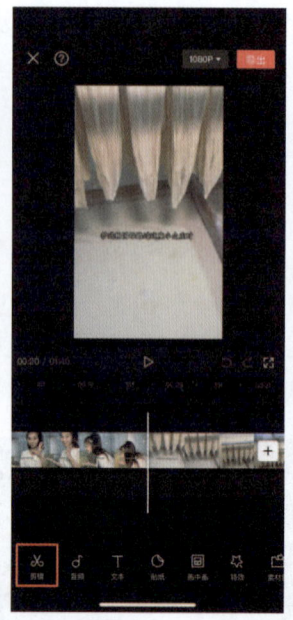

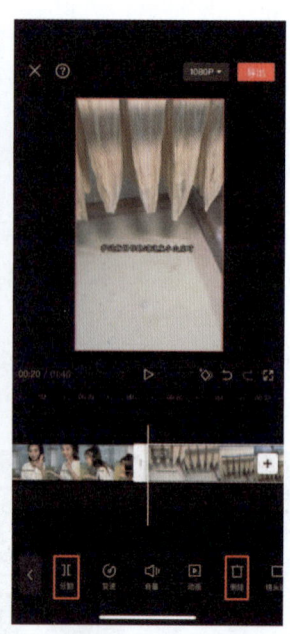

图 5-18　内容裁剪

（3）预览。裁剪工作结束后，为避免不必要的错误和重新操作，将视频拖到起始点，点击视频下方的"三角形"按钮进行预览，确认无误。对所有视频片段进行确认。

（4）拼接。在剪映中点击"开始创作"，导入镜号 1 所在的视频片段，在视频轨道右侧点击"+"，按脚本镜头编号顺序导入下一段视频素材，将一段一段的视频素材逐一导入，剪映会自动将这些视频片段拼接成一部完整的视频，如图 5-19 所示。

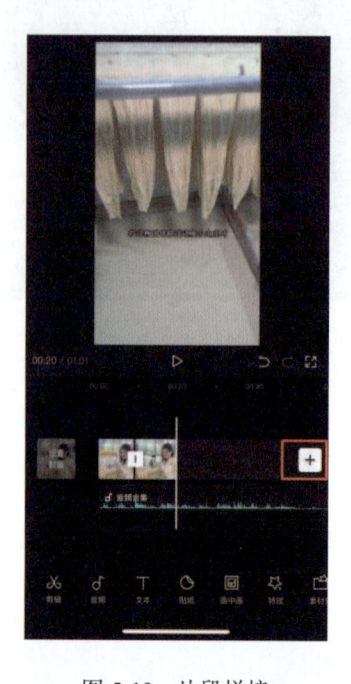

图 5-19　片段拼接

项目五 / 视频拍摄与剪辑

视频拼接之后，可能会出现画面衔接不流畅等问题，我们可以在拼接点插入转场特效，帮助视频演绎过渡。关于转场特效的内容，将会在《自媒体运营（中级）》中详细介绍。另外，常常会出现拼接之后画面色彩不统一的问题，需要进行视频调色处理。

2. 视频调色

一般建议将视频素材拼接后再调色，以便统一整体色调。在本任务中需要调整的点有两个：一是使户外与室内的色调统一，二是使有食物部分的视频有高光。

（1）添加滤镜。导入视频，预先确定好需要应用调色的部分（有食物的镜头片段），点击"滤镜"→"美食"→"暖食"，将滤镜下方的数值调节至50，点击右下角的"√"确认，即可生成滤镜轨道，拖动滤镜两端，将滤镜轨道与有食物的镜头片段对齐，就确定了滤镜的应用范围。具体操作如图5-20所示。

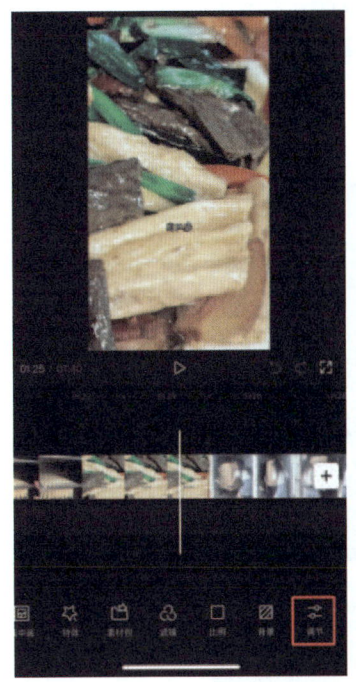

图 5-20　添加滤镜

（2）细节调节。点击"调节"，根据画面（外景）光线和明暗度调整参数：亮度 -10；对比度15；饱和度10；光感5。最后点击"√"确认，生成调节轨道。拖动"调节2"两端，确定其对应的视频范围。具体操作如图5-21所示。细节调节前后效果对比如图 5-22 所示。

105

图 5-21　细节调节

图 5-22　细节调节前后效果对比

3．添加字幕

很多用户会在无声环境中观看视频，故抖音短视频如果有人声，通常会添加字幕，改善观看体验。剪映的智能语音识别功能操作简单，识别准确度高，大幅降低了添加字幕的难度。

（1）识别字幕：导入视频，点击"文本"→"识别字幕"，选择要匹配字幕的范围，点击"开始匹配"，清除错误或重复的字幕，点击"完成"。具体操作如图5-23所示。

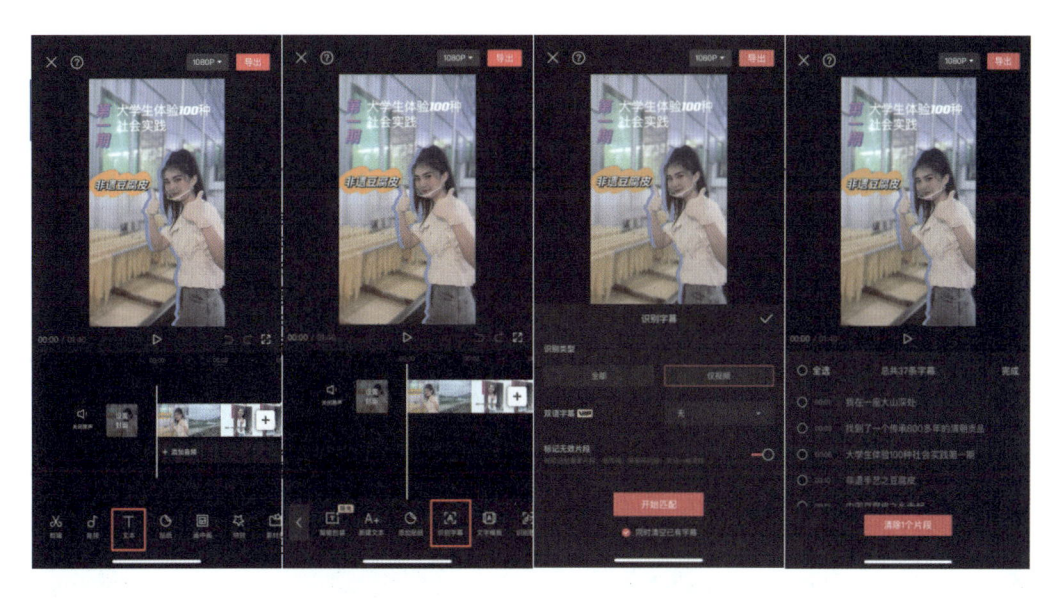

图 5-23　识别字幕

（2）编辑字幕。在字幕轨道点击要编辑的字幕，在视频中双击字幕条，即可对字幕内容进行编辑，编辑完成后，长按字幕条即可移动到画面合适的位置。点击"批量编辑"可以对字幕进行批量处理。例如，不是要编辑某条具体的字幕，而是要将所有的字幕移动位置时，就可用"批量编辑"，能够保障所有的字幕在画面中的位置一致。具体操作如图5-24所示。

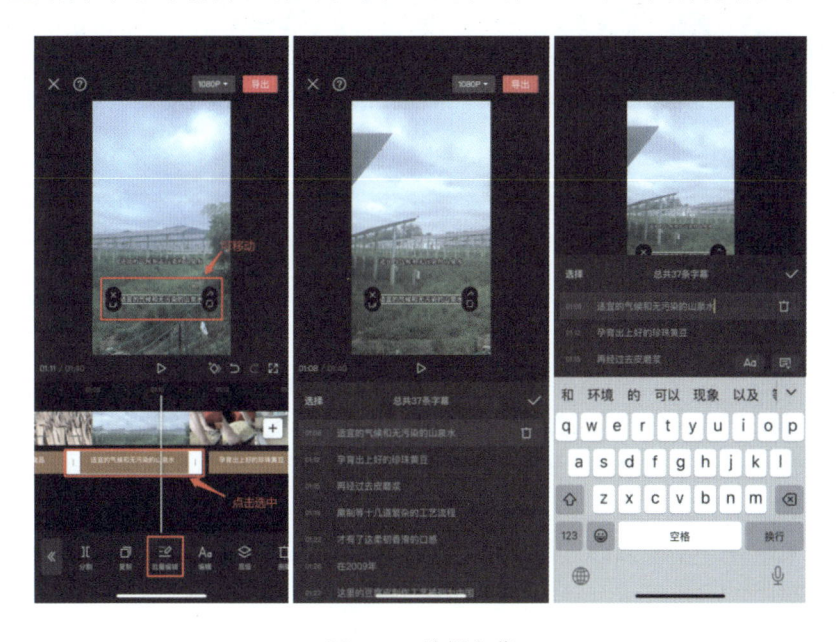

图 5-24　编辑字幕

4．添加音效

简单的音效能大幅改善视频的氛围、提升短视频的情绪表现力，故抖音短视频大多会添加一些音效。

导入视频后，移动到视频起点，点击"音频"→"音效"，搜索"任务完成"音效，点击"使用"，即可将此音效插入到音效轨道。移动音效轨道至希望出现的画面位置即可，具体操作如图 5-25 所示。另外，点击此音效轨道，可以调节音效的音量或删除音效。

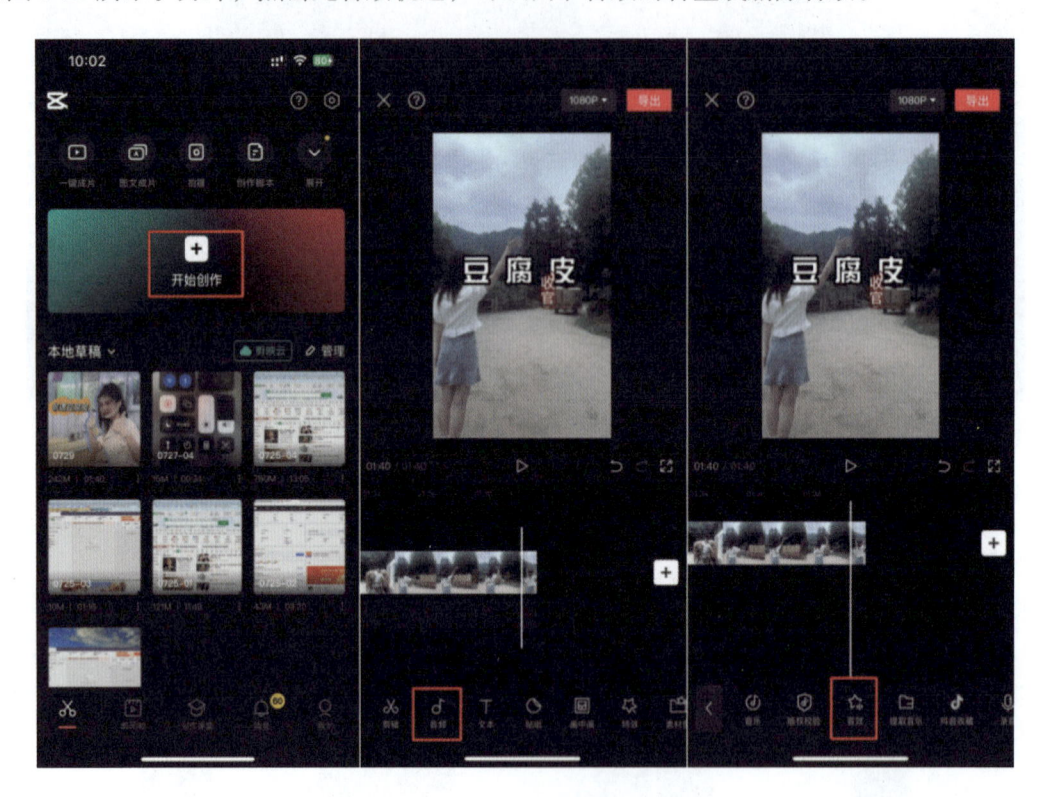

图 5-25　添加音效

5．预览和导出

点击视频下方的"三角形"，可以预览编辑后的视频。检查无误后，点击右上角的"导出"即可输出视频成片，导出时根据需要选择分辨率、帧率、码率等参数，这里均移动到最右侧，使视频的清晰度和流畅度最高，观看效果最好（初次导出时一般建议用最高参数导出作品，保持视频质量最佳，具体应用时再根据需要降低参数，因为质量降低容易提升难）。具体操作如图 5-26 所示。

这里要注意，在导出视频的过程中，不可以切换至其他应用、关闭屏幕或关机，要保持手机处于导出页面且长亮的状态，否则可能导致视频导出失败。

导出完成之后，我们的视频作品就完成了，可以在手机相册中找到刚刚制作好的作品。

项目五 / 视频拍摄与剪辑

图 5-26　预览和导出

任务总结

视频后期制作可以大幅提升视频效果，故拍摄完成后一般都要进行视频剪辑，使用剪映大幅提升了视频后期制作的效率。在本任务中，涉及的后期制作技能包括调整画面比例，删除冗长镜头或镜头片段，合成视频素材，调整视频色调、亮度和对比度，添加字幕和音效，导出视频等。

当然还有更多的后期处理，如调整镜头顺序、添加过渡效果等，可以使情节更加紧凑、引人入胜，有兴趣的读者可以自己尝试学习。

课堂练习

（1）请大家根据本任务所学技能，并结合之前的内容，完成下列操作。

给无声视频素材选配适合的背景音乐，无声视频素材截图如图 5-27 所示。

视频一　　　　　　　　视频二　　　　　　　　视频三

图 5-27　无声视频素材截图

109

备选背景音乐名称如下：

　　A.《The Runner》（片段）　　B.《八小时时差》（片段）　　C.《忘记时间》（片段）

上述素材均在配套资源包中。完成上述操作后，分别观看无声视频和有声视频，感受两者效果差异。与学习小组的其他成员讨论声音对视频体验的影响。

（2）在配套资源包中给出了两条视频素材，请大家练习裁剪拼接、调色与添加字幕，并导出成片，要求成片衔接自然流畅，画面色调统一，字幕无错别字。

项目总结

视频是一种非常有效的传达信息的方式，通过视频拍摄与剪辑，可以将想要表达的内容以图像和声音的形式展现出来，让观众更直观地理解和接受信息。通过本项目的学习，可以发现视频拍摄与剪辑能用来讲好故事，通过镜头的选择、画面的编排、音效的运用等手段，将一件事情以更生动有趣的方式呈现给观众，增强故事的吸引力和观众的情感共鸣。

熟练掌握摄影技巧、剪辑技术、音效调配等知识和技能，能够为未来更好地完成视频制作工作奠定良好的基础。

项目练习

1. 单项选择题

（1）关于分辨率和帧率，下列说法正确的是（　　）。

　　A. 分辨率越高，画面越模糊；帧率越高，视频越流畅
　　B. 分辨率越高，画面越清晰；帧率越低，视频越流畅
　　C. 分辨率越低，画面越清晰；帧率越低，视频越流畅
　　D. 分辨率越高，画面越清晰；帧率越高，视频越流畅

（2）在拍摄人物时，保持人物与镜头距离不变，从上至下依次展示人物的发型、妆容、衣服、鞋子，这属于（　　）运镜方式。

　　A. 推镜头　　　　　　　　　　　B. 拉镜头
　　C. 升镜头　　　　　　　　　　　D. 降镜头

（3）没有人物主体或具体表现的镜头被称为（　　）。

　　A. 长镜头　　　　　　　　　　　B. 空镜头
　　C. 特写镜头　　　　　　　　　　D. 跟随镜头

（4）人物居中或者位于画面中心点，这种拍摄镜头的构图方式是（　　）。

　　A. 对称式构图　　　　　　　　　B. 中心构图
　　C. 九宫格构图　　　　　　　　　D. 水平构图

2．不定项选择题

（1）延时拍摄适用于下列哪些拍摄场景？（　　）

  A．时间流逝　　　　　　　　B．食物烹饪过程

  C．天气变化　　　　　　　　D．人潮/车辆川流不息

（2）在达人直播中，经常要用到一些营销/互动工具配合话术，主要有（　　）。

  A．福袋　　　　　　　　　　B．打折

  C．红包　　　　　　　　　　D．优惠券

3．判断题

（1）在视频后期制作时，一般建议将视频素材拼接后再调色，以使整体的色调统一。

（　　）

（2）视频拍摄时，主要有人声、环境声、背景音乐及音效，这些声音要在拍摄现场一气呵成完成收录，才能显得声音流畅。（　　）

项目六

口 播 技 术

学习目标

- 能在指导下持续提升表达技巧，如停顿、重音、语气、节奏等。
- 能根据直播需求，撰写并操练简单的口播话术，如开场预热、活动说明、结束语、下期预告等。
- 能使用直播中的基础营销工具，如福袋、红包等。
- 能在直播间与粉丝简单互动，如打招呼、提问与回答、使用肢体语言引导观众视线等。

项目六 / 口 播 技 术

任务 6.1　口播发音与表达训练

任务描述

小白是抖音平台一名新入驻的创作者，她希望毕业后成为一名优秀的主播，于是制订了学习和训练计划，请和她一起完成下面的任务。

（1）学习发音技巧，并按计划自我训练。
（2）学习控制语调语速的技巧，并按计划自我训练。
（3）学习控制语轻语重的技巧，并按计划自我训练。

任务实施

人的声音是由声带的薄厚宽窄等生理因素决定的，每个人都有独特的声音特征（在安全领域用"声纹"作为识别人身份的一种策略），所以要完全改变声音是不可能的，但是我们可以利用一些技巧来提升自己的发音水平，控制自己的语调、轻重音等。在直播中，主播还必须掌握口播的节奏感。本任务给出了口播的基础训练，想要成为优秀的主播，这些训练任务不是一次性完成就结束了，需要制订合理的计划，长期训练。

1. 发音提升

（1）标准度提升。

标准的发音对于主播讲解产品、留住观众等都具有重要意义，如果发音不标准或错误，可能会让观众质疑主播，甚至产生误会。而衡量发音标准度最简单、最有效的方法就是进行普通话测试。请大家自行完成下面的普通话测试，初步了解自己的发音水平。

普通话水平考试测试题

一、读单音节字（100 个音节，共 10 分，限时 3.5 分钟）
波 太 免 平 裹 留 挂 宝 盒 土
撕 倍 埋 打 偷 捏 两 囊 跨 忙
融 耸 坑 后 德 论 娘 拐 弹 阔
吃 汝 遂 扁 迷 天 女 呆 识 耳
靴 蠢 姿 抗 宾 奉 爹 云 乐 告
卿 训 疮 辛 舀 迫 鸣 调 内 里
菊 犬 脂 略 遵 禹 陪 顺 丢 南
家 偎 袭 锦 拴 祠 弯 脆 否 它
哄 浊 泣 凶 撰 罚 捧 翁 醋 粉
早 怀 窘 韧 绪 装 卡 盘 远 飘

二、读多音节词语（100个音节，共20分，限时2.5分钟）

材料 装备 动弹 纵队 选取 心灵 夸张 牙齿 用品 模特儿
牛顿 容量 咳嗽 判决 分化 亏损 迅速 参观 快乐 把门儿
草皮 强盗 火车 天气 非常 硝酸 军阀 坏人 琐碎 手绢儿
制约 柔软 最初 解体 访问 胸脯 浅海 甲板 脑袋 年头儿
春秋 传播 白净 耳光 少爷 视网膜 自力更生 雨点儿

三、朗读短文（400个音节，共30分，限时4分钟）

对于一个在北平住惯的人，像我，冬天要是不刮风，便觉得是奇迹；济南的冬天是没有风声的。对于一个刚由伦敦回来的人，像我，冬天要能看得见日光，便觉得是怪事；济南的冬天是响晴的。自然，在热带的地方，日光是永远那么毒，响亮的天气，反有点儿叫人害怕。可是，在北中国的冬天，而能有温晴的天气，济南真得算个宝地。

设若单单是有阳光，那也算不了出奇。请闭上眼睛想：一个老城，有山有水，全在天底下晒着阳光，暖和安适地睡着，只等春风来把它们唤醒，这是不是理想的境界？小山把济南围了个圈儿，只有北边缺着点口儿。这一圈小山在冬天特别可爱，好像是把济南放在一个小摇篮里，它们安静不动地低声地说："你们放心吧，这儿准保暖和。"真的，济南的人们在冬天是面上含笑的。他们一看那些小山，心中便觉得有了着落，有了依靠。他们由天上看到山上，便不知不觉地想起："明天也许就是春天了吧？这样的温暖，今天夜里山草也许就绿起来了吧？"就是这点幻想不能一时实现，他们也并不着急，因为这样慈善的冬天，干啥还希望别的呢！

最妙的是下点小雪呀。看吧，山上的矮松越发的青黑。

四、命题说话（请在下列话题中任选一个，共40分，限时3分钟）

①我向往的地方；②谈谈科技发展与社会生活。

主播发音标准度达标的条件是：较专业的主播普通话一般要达到二级甲等水平，即在朗读和自由交谈时，发音基本标准，语调自然，表达流畅，少数难点音偶尔出现失误，词语语法极少有误。一般主播普通话应至少达到二级乙等水平。

通过上面的测试，可以对自己的发音标准度有个初步了解。如果发音不标准，则需要进行有计划的训练。参考训练计划如下。

训练频率：1次/天。

每次训练时长：25分钟。

训练素材：普通话水平考试测试题第一、二部分——读单音节字、多音节词语。

训练方法：①准备2套普通话水平考试测试题；②连续答完测试题第一、二部分，用手机录制；③回放录音，找到发音不标准的地方，正确读出并录音，直到发音完全标准。

注意，日常生活中很多人对于错误的发音都已经有了刻板印象，所以在进行训练检查时，一定不要凭感觉，而应该认真检查每一个字词，建议每个字词均查询字典，标注发言。

（2）清晰度提升。

在发音标准的基础上，应追求发音清晰。清晰的发音受先天因素影响较大，但抖音主播并没有央视主播要求高，绝大部分人都能满足要求。

主播发音清晰度达标的条件是：一句话中，因发音不清晰而难以辨别的单字不超过10%，不影响听众对句子意思的理解。

和准确度一样，要提升清晰度也需要勤奋的后天训练。清晰度和音色不同，通过后天训练是可以大幅改善的。提升清晰度的训练方式和准确度训练方式一致，可合用训练计划，应重点关注测试题中的第三题，并注意以下事项。

① 留意发声时的气息、停顿、口型、声带状态和舌头位置，要用心感受，找到更清晰发音的状态。

② 保障单字吐字清晰，慎用连读和网络用语，控制语速和节奏。当前，很多主播出现口播不清晰的重要原因就是为了营造气氛，语速过快，还夹杂大量网络用语。其实这种风格对大多数人是不友好的，特别是对年龄偏大的观众。

③ 减少鼻腔和胸腔共鸣，控制情绪。有的主播，特别是男性主播，为了让声音更有"磁性"，大量使用鼻腔和胸腔共鸣，导致吐字清晰度下降。有的主播会因情绪过于激动而控制不好气息，导致发音不清。这些都比较常见，要注意规避。

发音清晰度提升的参考训练计划如下。

训练频率：1次/天。

每次训练时长：25分钟。

训练素材：普通话水平考试测试题第三部分——朗读短文。

训练方法：①准备3套普通话水平考试测试题；②分次朗读短文，用手机录制；③每次读完后都要回放录音，找到发音不清晰或者有问题的地方并记录。

注意，直播观众听到的声音是经设备采集处理后的，故要提升口播清晰度，还需要设备和环境的支持，需重点留意以下几点。

① 做好隔音。直播间隔音效果要好，一定要是独立的办公室，做好隔音墙，不要在吵闹的空间里，除非是原产地直播或实体店直播，否则在室内直播一定要注意做好隔音。

② 做好降噪。直播间内要注意降噪，口播时，场控和其他人员不得交谈。使用一点背景音乐也对降噪有帮助。另外，使用有定向收音功能的小蜜蜂等麦克风，也是必要而有效的措施。

③ 配备良好的声音处理设备。除了使用合适的收音设备，还需要优化与声音处理有关的软/硬件设备，主播用于处理声音的计算机的声卡不能太便宜，声卡驱动安装正确，不要有环绕音、回响增强等软件处理效果。

（3）流畅度提升。

流畅的表达可以增强观众对主播的信任感与观看直播的舒适度。流畅度一方面需要网络设备等的支持，但最主要的还是话术衔接的流畅程度。对于新人主播来说，背好话术就能够应对直播间里80%的问题，但是对于一个成熟的主播来说，只背好话术是远远不够的，需要更多的经验累积与学习。表6-1给出了几种能够综合提升口播流畅度的方法。

表 6-1　几种能够综合提升口播流畅度的方法

序号	训练方法	训练目的
1	读书积累知识	夯实文化基础，表达才能游刃有余
2	尝试模仿同行	找对标，优秀的同行表现是最切合实际的教材
3	三思而后言	寻找掌控感，养成用脑控制语言的良好表达习惯
4	对着镜子练习	把镜中人当做观众，流畅交流，寻找镜头感
5	线上社群练习	与性格各异的人交流，掌握多种多样的交流方式

主播语言表达流畅度达标的条件是：用 5 分钟时间阐述某一个主题内容，中间不超过 5 次 2～3 秒的间断。

可以用普通话水平考试测试题中的第四题进行流畅度训练。语言流畅度提升的参考训练计划如下。

训练频率：1 次 / 天。

每次训练时长：20 分钟。

训练素材：普通话水平考试测试题第四部分——命题说话。

训练方法：①准备两道训练题；②在 3 分钟内答完第一道题，并用手机录制；③回放录音，找到表达有误或不流畅的地方；④整理思路，注意之前表达出现的问题，重新进行二次答题；⑤用第二道题重复上述训练。

注意，本训练有时间限制，因此比较考验训练者的语言组织能力，训练者在拿到题目时，要尽快梳理出一个围绕题目中心思想而展开的大纲，既要确保语言表达有内容，又要使表达的内容连贯，还要注意减少语气词和废话，多用短句、多举例子。

2．语速语调

（1）语速控制。

传递信息是语言的关键。只有让听众听清楚主播所说的内容，才能顺利传递信息。为此，主播不仅要尽量做到发音准确、吐字清晰、表达流畅，还要注意把控语速。

过快或过慢的语速，都不是好的表达方式。主播语速太快，犹如开足马力的机器，会让听者难以跟上，主播和听众都容易疲倦；主播语速过慢，又会显得直播间死气沉沉，让听众失去耐心而离开。想要控制好语速，主播应充分考虑听众的理解能力和接受程度，前提是在内心建立自信，既不过分担心冷场的尴尬，也不因害怕说错而不敢说。

主播语速达标的条件是：科学研究表明，每分钟说 300 个字的语速，让听众感觉最舒服，这样的语速不会过快或过慢，最易让人理解和接受。

对于语速的训练，可以制订中长期的朗读计划，每天在清晨或是睡觉前，读一段优美的文字。可以利用录音设备记录下自己的朗读，反复读和听，不断改进自己的不足之处。此外，主播也可以找一些亲友当听众，请他们指出朗读过程中的语速问题，并进行改正。

大家可以先进行简单的测试，即在自己正常说话时进行录音。录音结束后，以 1 分钟为时限，记录自己在 1 分钟内说了多少个字，与最佳语速的差距有多少。计算出结果后，再进行针对性的训练。语速参考训练计划如下。

训练频率：2 次 / 天。

每次训练时长：10 分钟。

训练素材：大众书籍。

训练方法：①准备几本大众书籍，可以是与电子商务、直播行业相关的，也可以是与语言表达相关的；②结合上述的达标条件，每日训练之前首先进行 1 分钟的语速测试；③以 5 分钟为一个阶段进行语速练习，也可以采用不时地看计时器的方法调整语速。

注意，语速调整不在于分秒之间，更不能突兀、僵硬地调整，重要的是在练习过程中养成良好的语言表达习惯和合适的语速。

（2）语调控制。

抑扬顿挫的语调可以使直播更具感染力，也可以使主播更好地进入直播状态，带动整场直播的活跃气氛。主播可以在讲解产品的突出优点时，适当地采用升调；在促单时，适当地采用降调。

如某网红主播在卖一款羽绒被时，一直用降调声明"不用想，直接拍，只有我们这里有这样的价格，往后只会越来越贵"。通过这种降调向粉丝发出行动指令，并且暗示在这里购买是最划算的，以后想买将付出更高的成本，制造紧迫感。

大家可以举一反三，举一些不同语调的句子，也可以通过模拟直播带货的方式，进行语调练习。语调参考训练计划如下。

训练频率：1 次 / 天。

每次训练时长：40 分钟。

训练素材：直播带货话术文案。

训练方法：①模拟前将直播带货话术模板填充好具体的内容；②用 10 分钟熟悉话术内容；③第一次模拟可以照着话术手稿读，但是要配合直播状态，不能表现得过于死板；④半脱稿进行模拟直播。

注意，尽管话术内容的表达很重要，但日常的专业知识积累，以及了解买家痛点并相应制定对策也非常重要，所以主播在积累了一定的经验之后，可以把这些技巧融入到自己的直播里，使直播内容更加丰富有趣。

3. 语轻语重

（1）高低强弱控制。

重音与外部技巧的融合运用是建立在内部技巧融会贯通的基础上的。重音更多的是与语气、节奏等相辅相成。

"欲高先低，欲强先弱，低后渐高，弱中渐强"。值得注意的是，重音强调时音量不一定很大，主要体现在音强上。无论是运用高低音还是强弱音，都要让感情自然流露，通过声音高低、强弱的转换和变化来强调重音。

练习：一所由山东烟台市福山区塔寺庄村民筹资兴办的乡镇成人大学，明年将面对社会招生。

在这个新闻导语中，可以用音高的变化强调"村民"，突出"村民"是因为这所大学不是政府筹办而是村民集资兴办的,之后的"大学"和"社会"则用重音强调,表现新闻的主要信息。

(2)快慢停连控制。

通过放慢或延长音节也可强调重音,在强调重音时还可在重音前后加入停顿。

练习:十年啊,十年的流离失所,十年的卧薪尝胆,我钟雪儿终于等到了这一天。

在《走西口》这篇朗诵稿件中,钟雪儿的这句话有着丰富的情感变化。第一个"十"声音加重并较缓地说出来,展现"钟雪儿"内心的感叹和悲愤。之后的"十年的流离失所,十年的卧薪尝胆"用较快的语速连接起来,在"终于"前停顿,较慢地说出"终于等到了这一天"。声音的缓慢和急促变化再加上贴切的语气,将钟雪儿这个人物复杂的情感变化很好地诠释出来。

(3)虚实转换控制。

所谓虚声指的是一种声少气多的说话方式,它是在以气托声的基础上来控制声带发出声音。虚声有点像我们日常生活中说悄悄话时的发声,近于上年纪的老人说话时那种有气无力的感觉,可以用来表现人物精神萎靡、内心疲惫的样子。发虚声时声带几乎没有震动。实声是控制声带平稳发出声多气少的声音。发实声时声带震动感明显。

练习:那天,我又独自坐在屋里,看着窗外的树叶唰唰啦啦地飘落,母亲进来了,挡在窗前。

这句话摘自史铁生先生的《秋天的怀念》,作者用细腻的感情写出了母爱的伟大。整篇文章的基调是低沉的、沉重的。在朗读时要注意运用虚实声的变化,尤其是句子中的象声词"唰唰啦啦",如果用虚声甚至是叹息声来展现能更好地表达出作者内心的情感。

通过上面的学习可以发现,当我们基本掌握了发音方式后,想要再谋求变化就得用到虚实声了。如果不会转换虚实声,发音就会显得单薄、苍白。无法完美转换虚实声的原因主要有两个方面:一方面是缺乏胸腔共鸣,适度的胸腔共鸣能使声音中带有扎实、深沉的感觉,能让实声发音厚实柔和;另一方面是缺乏鼻腔共鸣,正确的鼻腔共鸣能让声音具有明亮高亢的感觉,进而使得发虚声时虽然带有大量的气息,却不会变成气泡音,掩盖语言的清晰度。

虚实声转换训练较之前的训练项目难度都高,很多感觉只能实践体会,难以用语言描述,大致可以分为3步。

① 控制声带张弛度,用单音训练从实到虚的转换。首先,使音高、音量都较为自然,声带打开"宽窄"适度时用实声发长单音"a";然后在保持基本状态不变的情况下,稍稍放松气力,寻找单音"a"的回音感,即为单音"a"的虚声状态。循环该练习,找到从实到虚的切换感觉。单音虚实转换熟练后,可以用普通话水平考试测试题中的第一题训练单字虚实转换。

② 单词起声练习。使用二字词语,首先第一个字用实声起声;然后稍稍放松声带练习用半虚半实的声音来起声;最后直接用气,也就是虚声来起声。如果能掌握同一词语用三种不同的状态起声,则标志着对虚实声有了一定的控制力。可以使用普通话水平考试测试题第二题中的词语进行虚实起声训练。

③ 短句虚实结合练习。可以选用五言或七言绝句作为练习材料,每一句都安排上不同虚实发声词语,从而加强对虚实转换的熟练度。

口播要求"以实为主,虚实结合",这样的声音既不过分明亮,又不显得虚空。

任务总结

"三寸之舌,强于百万之师"。在自媒体领域,良好的发音和口才是一大竞争优势,尤其是主播,语言表达能力更是起着至关重要的作用。

受先天因素影响,每个人的声音都有独特性。大多数人的声音都能满足口播要求,如果加以训练,口播发音和表达能得到明显提升。但发音和表达不仅是一种精细的自我感受,还与环境、设备,以及主播的知识积淀、逻辑思维能力等相关。

大家应关注基本的发音标准度、清晰度和流畅度,在此基础上,提升语速语调、高低强弱、快慢停连、虚实转换的控制能力,坚持长期训练,不断提升自己的发音水平和表达能力,为成为优秀主播奠定基础。

课堂练习

请大家根据本任务相关内容,制订自己的口播训练计划,要求坚持一个学期,记录过程中的关键改变,在课程结束时,提交训练总结报告一份。

任务6.2 旅游主播的基础口播话术训练

任务描述

小白经过一段时间的口播发音学习与训练之后,语言表达能力已经有了大幅的提升。作为一名旅游爱好者,她将旅游主播定为自己未来的发展方向。但无论是想成为一名优秀的旅游主播,还是其他类型的主播,掌握口播话术都是必不可少的一项能力。接下来请大家与她一起,通过完成下列任务,学习如何根据直播需求,撰写并操练简单的口播话术,掌握口播话术的相关知识技能。

(1)根据任务提示学习撰写口播话术,并进行练习。
(2)明确直播软件基础营销工具的作用,学习应用营销工具。
(3)利用话术调动直播间气氛。

任务实施

口播话术在直播活动中具有非常重要的意义与作用,优秀的话术体系设计可以帮助主播更好地控制直播节奏,有效地促进内容转化,调动直播间气氛,增加主播与观众之间的互动点,让观众获得更好的体验。同时,完善具有个性化的话术,可以很好地塑造主播个人形象,增强用户对主播的信任度,有效提升粉丝数量和曝光度。

1. 基础口播话术

（1）打招呼+欢迎粉丝。

通过打招呼与进入直播间的观众建立初步的单向沟通，再通过"点名"的方式欢迎观众，打开与进入直播间观众双向沟通的渠道。旅游主播的欢迎话术举例如下。

① 亲爱的粉丝们，感谢你们一直以来对我的支持和关注！今天我们将一起开启一场惊险刺激的旅行之旅！

② ×××，这个名字好文艺，看到这个名字就觉得你也是一位和我们直播间的其他粉丝一样热爱大自然的人。

③ 亲爱的朋友们，感谢你们对旅行的热爱和对我的信任！今天我会带着大家去探索那些令人叹为观止的自然奇观和人文景观！

④ 大家好！我是你们的旅游向导，在这里我将为大家介绍世界各地最美丽的景点，带你们领略不同国家的风土人情！

⑤ 欢迎来到我的直播间！无论你在哪里，在做什么，只要你进入了我的直播间，这一刻都能与我一同感受到大自然的鬼斧神工！

（2）自我介绍。

主播在直播间的介绍也可以看作人设打造的一部分。我们知道，主播的价值是由主播的形象、风格、特点共同构成的。通俗地说就是：你是一个什么类型的主播？可以给粉丝提供什么特定的价值？

例如某网红主播，曾是名非常受学生欢迎的英语老师；之后，科技匠人、连续创业者、超级段子手等都是他的标签，这些标签能大量吸引属性相似的粉丝。所以他在选择带货产品的时候，大多围绕科技类和教育类等相关产品。新手主播可以采用逆向思维，先给自己设定一些热度较高的标签，如小白可以选择"毕业旅行""新手背包客"等作为标签，然后根据这些标签进行直播，吸引对这些标签有偏好的粉丝。旅游主播的自我介绍话术举例如下。

① 我是旅行主播×××。热爱探索美丽的世界，每一次旅行都是我心中的一次冒险。让我们一起用镜头记录下最真实的旅行故事吧！

② 作为一个摄影师和旅行爱好者，我喜欢用相机记录下那些美丽、珍贵的瞬间。让我们一起用画面诉说旅行的故事吧！

③ 嗨！大家好，我是旅行主播×××。我相信旅行不仅仅是一种享受，更是一种对心灵的滋养。通过我的视角，让我们一起感受更多旅途的美好和意义。

④ 这个世界如此广阔，我想要用自己的脚步踏遍每一个角落，发现更多的美景和文化。如果你也是与我志同道合的人，那么请跟随我一起开启这段奇妙之旅吧！

（3）直播主题。

做好直播营销的第一步，就是选好直播的主题。一个引人关注的优秀主题是吸引用户观看直播的关键。确立直播主题应注意以下方面。

① 注意直播目的，不能无准备。

首先，主播要明确直播的目的，是单纯营销还是提升知名度？如果只是想提高销量，就将直播主题指向卖货的方向，吸引用户马上购买；如果是想通过直播提升知名度，那么直播的主题就可以宽泛一些，最重要的是要对粉丝有价值。

直播的目的大致可以分为三种：短期营销、持久性营销、提升知名度，可以对应销量、涨粉、场观三个关键指标。因为账号起步阶段的核心任务是涨粉，故这里重点介绍持久性营销直播主题的策划。

对于持久性营销而言，直播的目的在于涨粉。因此，这类直播的主题也应该具备长远性的特点。在策划直播的主题时，应从未来变现产品/服务的特点出发，结合其他同行的特点，突出自己的优势，吸引感兴趣的人成为铁杆粉丝。

例如，公路旅人 FOX 的冰岛之行和北欧之行圈粉不少。其中一条视频如图 6-1 所示，创作者大量采用无人机全景拍摄，无真人出镜，只拍景色，制作宏大场面，用交响乐作为背景音乐，衬托大自然的鬼斧神工，内容风格类似史诗级大片。创作者的作品均围绕自然景观这个主题，形成了鲜明的风格。

图 6-1　公路旅人 FOX 的高质量自然景观作品

② 从用户角度切入，迎合受众喜好。

在服务行业有一句经典的话叫作"每一位顾客都是上帝"，在直播行业同样适用，因为观众决定了直播的火热与否。没有人气的直播是无法维持下去的。有些直播为什么火热？观众为什么爱看？原因就在于那些直播迎合了观众的口味。因此，直播主题的策划应从观众角度出发，了解观众究竟喜欢什么，对什么感兴趣。

从观众角度切入的方法主要有以下三种。

- 引起观众情感共鸣。例如，抖音平台上知名的旅游主播——普陀山小帅，他的直播内容很简单，就是每天导游的讲解，但几乎每一个都成为了热门。为什么呢？因为他将许多人生感悟、人情世故融入到他的讲解中，引发了观众的情感共鸣。
- 选择观众喜爱的话题。各种新鲜、猎奇的话题也容易成为热点，激发观众的兴趣，这对主播的创新要求很高，在《自媒体运营（中级）》部分会涉及对热点进行分析和对标，通过二次创作迎合观众喜好，而在《自媒体运营（高级）》部分还会专门讲解原创主题的方法。
- 让观众投票选主题。一般都是由主播决定主题，然后把内容呈现给观众。但主题创新很难，为了迎合观众的喜好，主播可以调动观众投票选择主题，一方面借用了群众的智慧，另一方面也让观众体验到被尊重，可谓一箭双雕。

③ 抓住时代热点，切记要及时。

有热点就有流量，因此，及时抓住时代热点是做营销的不二选择。如果想要设计出一款引领潮流的服装，服装设计师就要有对时尚热点的敏锐洞察力。确立直播主题也是如此，一定要时刻关注社会热点，从中寻找主题。

例如，2023年"淄博烧烤"是一大社会热点。各个旅游主播纷纷抓住这个热点，进行旅游方案规划、当地美食测评等，整体来看无论是涨粉数量还是宣传效果都比较不错。

旅游主播的主题介绍话术举例如下。

① 引起兴趣。大家好，今天我要给大家介绍一个令人激动的旅游主题活动！这是一个独一无二的机会，让你体验到令人难忘的旅行经历。

② 突出亮点。这个旅游主题活动有很多独特之处。首先，我们将带您探索迷人的自然风光，领略壮丽的山川河流；其次，您还将有机会体验当地文化和传统习俗；最重要的是，我们会提供专业导游和舒适的住宿条件，确保您在旅途中享受到最好的服务。

③ 强调收益。参加这个旅游主题活动不仅能够放松身心、开阔眼界，还能够结识新朋友、拓展人脉。您将有机会与志同道合的旅行者一起分享美食、探索奇妙的景点，并创造属于自己独特而珍贵的回忆。

④ 提供证据。我们过去已经成功举办了多次类似的旅游主题活动，得到了参与者的一致好评。他们对我们的行程安排、导游服务和活动体验都给予了高度赞扬。您可以在我们的官方网站或社交媒体上查看他们的真实反馈和照片，亲眼见证这些精彩时刻。

⑤ 呼吁行动。如果您对这个旅游主题活动感兴趣，不要犹豫！现在就报名参加吧！名额有限，很快就会被抢完。请访问我们的官方网站或拨打我们提供的联系电话，我们的工作人员将竭诚为您提供更多详细信息并帮助您完成报名。期待与您一起开启这段令人难忘的旅程！

（4）活动说明。

优秀的旅游主播能够通过自己的专业知识、独特的风格和个人魅力，为旅游目的地或旅游品牌增光添彩。他们可以通过直播、短视频等方式，展示旅游目的地的美景和特色，让人对该地区留下良好的印象。

旅游主播的活动说明话术举例如下。

① 介绍目的地特色。粉丝宝宝们大家好！今天我将带您探索一个令人心驰神往的目的地，它拥有独特的文化、美食和自然景观。

② 引发兴趣。无论是追寻历史古迹，还是沉浸在大自然中，这个目的地都能满足您的需求，并带给您难忘的体验。

③ 突出亮点。让我们一起来看看这个目的地最吸引人之处（如壮丽的风景、丰富多样的活动以及独特的文化传统等）。

④ 提供实用信息。我会为您提供详细的行程安排、交通指南和住宿推荐，确保您能够轻松愉快地旅行。

⑤ 分享真实经历。作为旅游主播，我曾亲身前往该目的地，并深入了解当地文化和风土人情。我将与您分享我的真实体验和感受。

⑥ 解答疑惑。如果您有任何关于行程、费用或其他方面的问题，请随时向我提问。我

将尽力回答并为您提供帮助。

⑦ 推荐特色活动。除了常规旅游景点，我还会为您推荐一些独特的、与当地文化相关的活动，让您更加融入目的地。

⑧ 引导预订。如果您对这个目的地产生了兴趣，并希望预订行程，我可以为您提供相关的预订信息和建议。

⑨ 提供优惠。作为我的粉丝，您将享受到一些独家优惠和折扣。请关注我的直播或社交媒体页面以获取更多信息。

⑩ 结尾总结。感谢您的关注和支持！期待与您共同探索这个美丽而神秘的目的地。如果有任何问题，请随时联系我。

（5）结束预告。

① 感谢观看。非常感谢大家今天参与我的直播，希望你们都能收获满满！

② 回顾精彩内容。在今天的直播中，我们探索了一个令人激动的目的地，并分享了一系列令人难忘的体验。

③ 预告下次内容。下次直播中，我们将继续深入探索这个目的地，并带来更多有趣、新奇的发现。

④ 邀请互动。如果你对今天的直播有任何想法或建议，欢迎在评论区留言，我会认真回复每一条信息。

⑤ 提醒关注。记得点击关注按钮并打开消息提醒，这样你就不会错过下次直播的精彩内容。

⑥ 引发期待。下次直播中，我们还将邀请一位特别嘉宾与大家互动，我也将带来更多惊喜和好玩的活动，敬请期待！

⑦ 抽奖预告。在下次直播中，我们将公布今天的抽奖结果，并送出精美礼品。希望大家都能参与！

⑧ 感谢支持。再次感谢大家对我的支持和关注！没有你们的支持，我无法坚持做好这个节目。

⑨ 预告提醒。记得在日历上标记下次直播的时间和地点，并准时加入我们。相约下次见！

2. 应用营销工具——红包、福袋等

在直播中，经常要用到一些营销/互动工具，如福袋、红包等，其主要作用如下。

① 提升用户参与度。通过发放福袋、红包等，可以吸引观众积极参与直播活动。

② 增加粉丝黏性。通过定期或不定期使用营销工具，可以让观众觉得直播间有惊喜，主播在乎他们，从而增加他们对主播的喜爱和黏性。这样不仅能够留住老观众，还能吸引新观众成为忠实的粉丝。

③ 宣传推广效果。福袋内通常会包含一些产品或活动的优惠券、折扣码等营销内容。通过使用这种简单的营销工具，可以提高产品或服务的知名度，激发观众的购买欲望，达到宣传推广的效果。

营销推广话术举例如下。

① 我最新的旅行合作伙伴提供了一些优惠券和折扣码，我会将它们隐藏在福袋中！快来抢购吧，省钱还能玩得更开心！

② 看到福袋了吗？这是我为大家亲自准备的礼物和特色纪念品。如果你对我们的旅行内容感兴趣，就来参与互动吧！有机会获得限量版福袋哦！

③ 听说你们都爱红包，今天我特别准备了一些红包奖励！请大家认真听我提出的问题，十个红包发放的具体时间就藏在答案里哦！

④ 这是我特别为大家准备的福袋活动，里面包含了一些旅行小贴士和景点介绍，希望能够给大家带来更多的旅行灵感和乐趣！

3. 互动技巧

与粉丝互动是提高直播互动性和吸引观众参与的重要方式。

下面列举一些常用的话术技巧。

① 打招呼。在直播开始时，面带微笑，用热情的语气和观众打招呼。例如，大家好！欢迎来到我的直播间！

② 提问与回答。向观众提问能鼓励他们积极参与直播，可以问一些和主题相关的问题。例如，你们最喜欢去哪里旅行？有没有人去过这个地方？去过的请在公屏上扣1。

③ 称呼观众的名字。如果观众在评论区留下了自己的名字，尽量在直播中称呼他们的名字，可以拉近与观众的距离。例如，感谢张××分享您的旅行经验！小芳同学，你喜欢这个地方吗？

④ 回应评论与消息。及时回应观众在评论区或私信中的留言和提问，可以增加观众的互动，并让他们感到被重视。

⑤ 鼓励分享和讨论。鼓励观众分享他们的旅行经历、意见或建议，可以通过提问引导观众讨论。例如，你们觉得哪个季节去这个地方最合适呢？

⑥ 赞赏/奖励观众。对于活跃观众和有价值的回答，可以给予肯定和赞赏，如"好主意！谢谢小明同学的建议！"，还可以在适当的时候提供一些奖励，如红包、礼品或独家福利等。

⑦ 制定互动规则。在直播开始前，可以先告诉观众一些互动规则，如如何提问、什么时间段评论等，以帮助观众更好地参与。

⑧ 使用幽默和轻松的语气。在与观众互动时，要尽量保持幽默和轻松的语气，还可以偶尔开些小玩笑或讲个笑话。

此外，适当运用肢体语言可以吸引观众的注意力和引导他们的视线。例如，指向某个景点或特色建筑物的方向，或者通过手势来表达情感，指引粉丝加关注、加粉丝团、进粉丝群等。这部分内容将在《自媒体运营》（中级）中深入探讨。

任务总结

不管是哪一种话术，都不是独立存在的，在直播中需要主播连贯、流利地表达话术，故需要提前融会贯通、烂熟于心。对于新手主播，敢播比会播更重要，要勇于尝试、敢于迈出第一步。在反复实践中，很多问题将迎刃而解，口播话术会越来越好。

与观众的互动是建立信任、增加粉丝忠诚度的关键。要真诚地对待每个观众，并及时回应他们，这样才能打造出积极互动的直播氛围，达到更好的直播效果。

课堂练习

请大家应用本任务学习到的技能，完成以下任务。

（1）先给自己打上几个比较有特点的标签。

（2）选择主播定位，如教学主播、美食主播、唱歌主播、舞蹈主播、健身主播、娱乐主播等。

（3）策划一场直播活动，明确其目的和主题。

（4）参考小白的话术模板，撰写一场完整的直播话术，注意符合自身定位，话术整体逻辑清晰、连贯流畅。

（5）分小组模拟演练话术，注意应用基础营销工具，练习与粉丝互动，锻炼自己的临场反应能力与表达能力。

小白的话术模板：

大家好！欢迎来到今天的旅游直播节目！

我是你们热爱的旅游主播×××，很高兴能和大家一起探索×××这个美丽的地方。在接下来的时间里，我会带领大家深入了解这里的文化、风景和美食。准备好了吗？让我们开始吧！

今天我们要去探索的地方是×××（目的地）。它以其壮丽的自然风光、悠久的历史文化而闻名于世。在这里，我们将参观著名景点、品尝当地特色美食，并了解当地人民生活的方方面面。同时，在整个行程中，我会与大家分享一些有趣的故事。希望通过这次直播，能够让大家更加了解这个地方，帮助您来这里旅行做出更好的规划。

……

非常感谢大家今天的陪伴！如果你对今天所展示的景点或者美食感兴趣，记得留言告诉我哦。下次直播，我将会带领大家去另一个令人心驰神往的地方，继续探索美丽的风景和文化。敬请期待！

再次感谢大家的支持，我们下次再见！

项 目 总 结

学习不是一蹴而就的事情，口播技术的提高需要日复一日的训练。从发音的标准度、清晰度、流畅度的提升，到语速语调、语轻语重的控制，循序渐进地掌握口播能力，才能在日后口播实践中游刃有余。

项目练习

1. 单项选择题

（1）直播的目的主要可以分为短期营销、持久性营销、提升知名度这三种，短期营销的关键性指标主要体现在（　　）。

  A. 直播间销量　　　　　　　　　B. 账号涨粉数量

  C. 直播间观看人数　　　　　　　D. 粉丝互动指数

（2）下列属于"点名"方式的主播欢迎粉丝话术的是（　　）。

  A. 亲爱的粉丝宝宝们，欢迎来到我的直播间，见到你们很开心！

  B. 大家好，我是今天的主播莉莉酱，我会给直播间宝宝们分享各种优惠好物哦！

  C. 欢迎刘大大进入我的直播间，你的名字很有趣哦，赶紧成为我的粉丝吧！

  D. 欢迎新进入直播间的粉丝朋友，今天将有大明星光临，一定不要滑走哦！

（3）下列不属于主播的发音训练内容的是（　　）。

  A. 语调　　　　　　　　　　　　B. 语速

  C. 节奏　　　　　　　　　　　　D. 音色

（4）从用户角度切入，迎合受众喜好是确立口播主题的重要方式，从用户角度切入方法不正确的是（　　）。

  A. 引起用户情感共鸣　　　　　　B. 选择用户喜爱的话题

  C. 让用户投票选主题　　　　　　D. 主播自己确定主题

2. 不定项选择题

（1）在直播结束阶段，主播的话术通常包括下列哪些内容？（　　）

  A. 感谢观看　　　　　　　　　　B. 预告下次直播内容

  C. 提醒关注　　　　　　　　　　D. 欢迎粉丝

（2）一般认为，主播需要掌握的基础口播话术包括（　　）。

  A. 打招呼　　　　　　　　　　　B. 自我介绍

  C. 欢迎粉丝　　　　　　　　　　D. 结束预告

3. 判断题

（1）主播的语速过快或过慢都会影响表达效果，每分钟说 500 个字的语速会让听众感觉更舒服。（　　）

（2）主播发音清晰度达标的条件是：一句话中，因发音不清晰而难以辨别的单字不超过 10%，不影响听众对句子意思的理解。（　　）

项目七

短视频运营

学习目标

- 能熟练使用抖音平台发布作品。
- 能通过站内或站外推广短视频。
- 能熟练分析短视频各项数据。

任务 7.1　上传一条短视频到抖音平台上

任务描述

小薇看完原神 3.7 版本前瞻的直播后，制作了一条原神 3.7 版本预告视频，视频现已拍摄制作完成，因内容时效性强，请帮助她尽快发布到抖音平台上，具体任务如下。

（1）设置视频封面，要求图片清晰并符合视频内容。

（2）撰写视频标题，@原神官方账号并带上合适的话题。

（3）请在 30 分钟内，成功发布视频到抖音平台。

任务实施

本任务要求创作者了解视频封面、标题，以及发布视频的要求。一条视频制作完成后，标题、封面、话题等是观众了解视频内容的重要一步。本任务可以分解为以下步骤：设置视频封面、撰写视频标题、发布视频。

1. 设置视频封面

（1）视频封面的要求。抖音平台的视频封面虽然相比长视频平台来说没有那么重要，但也要按照要求来制作，具体要求如下。

尺寸要求：建议采用图片比例为 16：9（横版）或 3：4（竖版）的高清图片。

内容要求：封面图片应当与视频内容相关，能够吸引观众注意力。可以选择视频中精彩的画面或与视频相关的文字，在图片中体现出来。

注意，禁止使用涉及政治、色情、低俗等违法、违规、不良的内容作为封面。

（2）优质短视频封面的要点。

① 突出重点。如果视频有非常吸引人眼球的画面，如漂亮的小姐姐、帅气的小哥哥、可爱的萌宠等，可以直接选择那一帧作为封面，如图 7-1 所示。

② 文字精简。如果视频中没有适合做封面的画面，可以单独制作一张封面。可以用"图+文字"的形式，文字一定要精简，直击观众痛点。封面的文字描述并不是解释视频的内容，而是给观众一个点击该视频的理由，如方便观众打开自己感兴趣的内容，如图 7-2 所示。

③ 统一模板。如果视频内容很接地气或者是系列视频，可以采用统一模板，这样的封面制作起来简单，既能打造账号风格，也可以加深观众记忆，如图 7-3 所示。

根据以上要点，结合任务 4.2 的方法，制作出本任务的视频封面，如图 7-4 所示。

图 7-1 突出重点

图 7-2 文字精简

图 7-3 统一模板

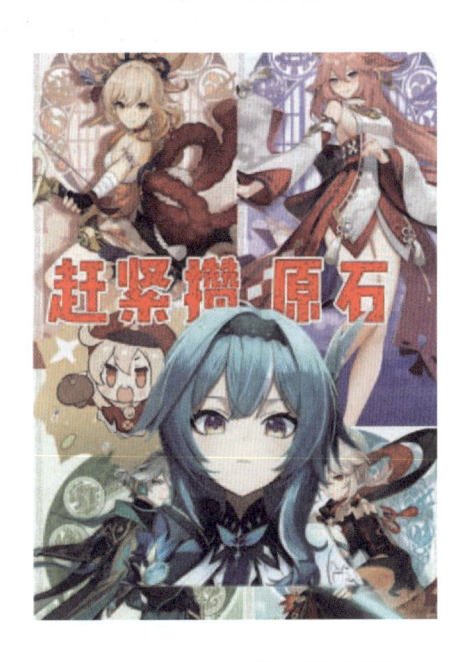

图 7-4 3∶4 比例的视频封面

2. 撰写视频标题的技巧

抖音视频标题即视频描述，业内也叫"直发语"，能让观众快速了解视频内容，也是观众决定是否点击观看该视频的主要因素之一，因此标题的重要性不言而喻。一个吸引人的标题可以让人对视频产生兴趣，从而提高视频的观看率和点赞数。相反，一个无聊的标题则容易让人忽略视频，影响视频的传播效果。

撰写视频标题需注意三个基本要点。

① 撰写优质文字描述。

② 使用"#"关联合适话题。

③ 使用 @ 功能。

（1）撰写优质文字描述。

一般短视频文字描述的撰写技巧有以下几个。

① 利用悬念或惊喜，引起观众的期待和好奇心。例如：

"沙漠里不仅有鱼，还有乌龟，真令人吃惊！"

"为了干饭学会了跳跃的螃蟹，每天都是一场与死神的赛跑。"，如图 7-5 所示。

图 7-5　悬念或惊喜

② 引起共鸣。观众在读到这类标题时会有所共鸣，让观众觉得你和他有同样的感情和情绪。例如：

"这个夏天，谁不想实现一次'梦中请瓜自由呢'？ 躺着吃，坐着吃都很快乐"

"这个假期还是不要去外面人挤人了，在乡下整几个美味，野炊露营不舒服吗？"，如图 7-6 所示。

图 7-6　引起共鸣

③ 对比或反差。对比是通过对两个或多个事物进行比较来吸引观众的注意力。例如："沙漠中不仅有鱼可以生存，还有渔夫捕鱼，真的开眼了"。

反差是将两个完全相反的元素并列，形成强烈对比的效果。例如：
"唯一圈养的棕色大熊猫，会拍彩色照的国宝"，如图7-7所示。

文字描述的撰写技巧很多，如利用数字数据、疑问反问、刺激互动等，在《自媒体运营（中级）》中还会谈到，这里就不一一举例了，大家平时多看多学，总结出适合自己的撰写技巧。

图7-7 对比或反差

本任务应用"悬念或惊喜"技巧，拟定视频的文字描述为：
"原神3.7卡池来了，武器池再次变香，优菈决定退游！"
（2）使用"#"关联合适话题。

抖音话题是由抖音平台支持的一种内容聚合形式，是对平台内容分类的重要补充。抖音话题将相同或相关的内容以话题标签的方式实现聚合，方便用户快速找到自己感兴趣的一组细分内容。所以，添加合适的话题本质上是给内容选择更精细的类目。通过关注或参与话题，用户可以看到更多与此话题相关的内容。抖音话题的使用方式有以下几个。

① 探索内容。通过搜索或关注不同的话题，用户可以发现更多与自己喜好相关的内容。

② 分享同好。如果用户发现自己喜欢的话题在抖音上比较冷门，可以通过建立话题标签的方式来推广该话题，吸引更多人关注和参与。

③ 增加曝光度。打上与自己内容相关的话题，可以方便用户搜索，快速增加曝光量和粉丝量。

④ 参与挑战。抖音平台经常推出话题挑战，激发和引导热点话题，用户可以通过参加挑战活动获得平台的流量激励，这是跟随平台节奏，获得平台流量支持的有效方法。

简而言之，添加合适的话题可以使作品获得更多流量。添加话题的方法很简单，在标题中使用"#"即可添加话题。

本任务的视频应归入"原神"细分类目，故添加"# 原神""# 原神37卡池"两个话题标签。

（3）使用@功能。

抖音平台的@功能是一种用户直接向其他用户或创作者发送消息或者提醒的方式，即我们常说的"隔空喊话"。

用户可以在自己的视频描述中，使用"@+用户名"的形式发送消息，如"@韩红"，则"韩红"将会收到一条消息提醒，同时其他用户也可以看到你@韩红。所以@功能相当于在公共场合喊某个人的名字，故在使用@功能时需注意礼貌，避免对其他用户造成不良影响。同时，抖音平台也允许用户在评论中@其他用户进行互动和交流。

因为本任务的视频内容是关于原神游戏的，所以可以@原神官方账号，喊话官方关注。根据以上要求，拟定本条视频最终标题为：

"原神3.7卡池来了，武器池再次变香，优菈决定退游！#原神#原神37卡池@原神"。

3. 计算机端发布视频

在抖音平台上发布视频主要有两种方法，一种是使用手机抖音App发布，另一种是使用电脑端抖音创作服务平台发布。

抖音平台支持常用格式的视频，包括MP4、AVI、FLV、MOV、WEBM等。目前，安卓手机仅支持导入MP4格式的视频，苹果手机支持导入MP4和MOV格式的视频，建议优先选择常见且兼容性好的MP4格式。

除了视频格式，抖音平台还有一些其他规定，如建议视频分辨率为720p（1280×720pix）或1280p（720×1280pix）及以上，文件大小不超过16GB，时长在60分钟以内等。

电脑端发布视频的流程如下。

（1）进入计算机端抖音创作服务平台。

方法一：在浏览器搜索引擎中输入"抖音创作服务平台"，点击搜索结果中的"抖音创作服务平台"。

方法二：在浏览器地址栏中输入抖音创作服务平台网址，按回车键。

方法三：在浏览器搜索引擎中搜索"抖音"，或者在浏览器地址栏中输入官网网址进入抖音网站主页，点击右上角的"投稿"。

（2）登录抖音账号。

在抖音创作服务平台主页点击右上角的"登录"，选择创作者登录。有多种方式登录抖音账号。

方法一：手机扫码登录。点击抖音创作服务平台主页左上角的"三横线"，点击"扫一扫"，在手机上打开抖音App，扫描电脑端的二维码即可（需要在抖音App上先登录对应的账号）。

方法二：手机号登录。输入抖音账号绑定的手机号码，可以用短信验证码登录，也可以用密码登录。

（3）发布视频流程。

① 登录抖音创作服务平台后，点击"发布作品"，如图7-8所示。

项目七／短视频运营

图 7-8 抖音创作服务平台

② 点击"上传",在本地选择视频后,进入视频发布页面。输入设计好的标题"原神 3.7 卡池来了,武器池再次变香,优菈决定退游！＃原神 ＃原神 37 卡池 @原神",如图 7-9 所示。

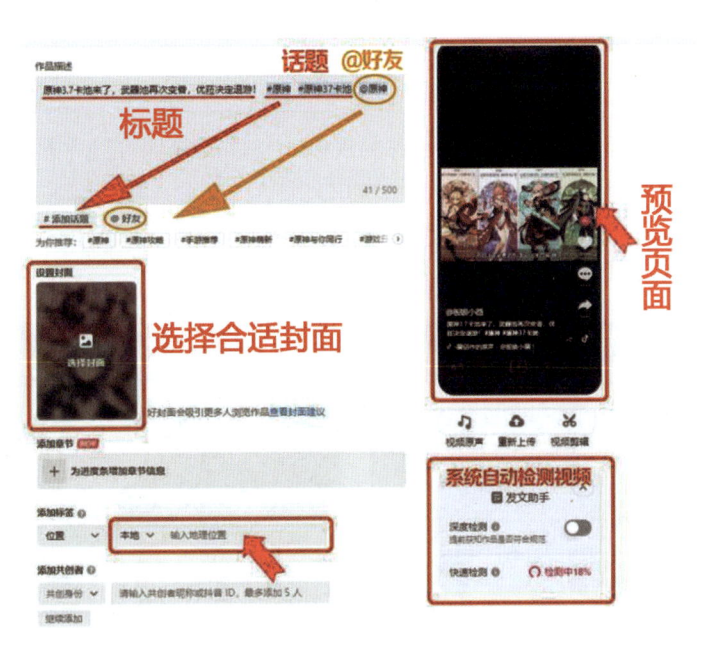

图 7-9 视频发布页面

③ 点击"设置封面"→"上传封面"→"完成",如图 7-10 所示,这样视频封面就设置完成了。

133

图 7-10　上传封面

④ 视频分类选择"游戏"→"游戏类型"→"角色扮演类"。
⑤ 其他设置均保持默认设置，点击"发布"，将进入审核状态，审核通过后视频便发布成功。发布之前建议检查一下标题、封面是否设置正确，视频是否上传成功。

4．手机端发布视频

采用手机端发布视频需要提前把准备好的视频、封面图等保存到手机里。
① 在手机上打开抖音 App，点击底部中间的"+"。
② 选择"相册"，然后选择要发布的视频文件。如果是第一次上传需要允许抖音 App 获得访问相机和相册的权限，如图 7-11 所示。

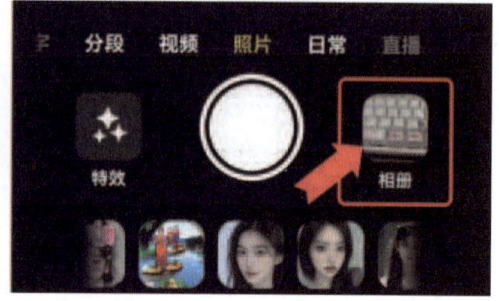

图 7-11　上传视频

③ 点击"下一步"，因为视频已经添加了字幕、背景音乐，所以不需额外添加。
④ 点击"选封面"，进入手机相册选择事先制作好的封面，如图 7-12 所示。

图 7-12 设置封面

⑤ 添加标题"原神 3.7 卡池来了,武器池再次变香,优菈决定退游！＃原神＃原神 37 卡池＠原神"。

⑥ 点击"高级设置",选择"高清发布",如图 7-13 所示。

⑦ 点击"发布",视频就可以成功上传到抖音平台,等待观众观看和评论了。

图 7-13 高级设置

任务总结

在抖音平台上发布视频需要经过视频制作、撰写标题、添加话题、制作封面、上传等步骤。创作者想让自己创作的视频传播得更广，受到更多观众的喜爱，那上面提及的每一个步骤都很重要。视频发布成功后，并不代表工作结束了，而是短视频运营工作的开端。

课堂练习

请大家根据本任务所学知识，在抖音平台上发布一条视频，要求如下。
（1）视频描述包含文字描述、话题和@功能。
（2）使用提前制作的图片作为封面。
（3）用手机端完成视频发布。

任务 7.2　推广短视频并回复粉丝评论

任务描述

小薇在发布完原神 3.7 版本预告视频后，准备把视频推广给更多人观看，并在评论区挑选评论回复，请帮助她完成以下任务。
（1）在抖音平台推广短视频。
（2）在其他平台推广短视频。
（3）回复粉丝评论。

任务实施

本任务要求创作者了解短视频站内外推广的方法，我们需要利用各平台把我们的内容推广出去，吸引更多的观众。同时，我们还需要根据不同的评论内容去针对性地回复观众。本任务可以分解为以下步骤：短视频站内推广、短视频站外推广、回复评论。

1. 短视频站内推广

（1）分享。

通过"任务 1.2 查看账号基本数据"讲解的内容，我们了解到分享对创作者来说非常重要。通过分享，实现了传播裂变，扩大了作品和创作者的曝光量和影响力，是激发网络效应的基本工具。分享还可以促进抖音社交化的发展，让用户之间的联系更加密切，创作者掌握抖音分享功能，可以实现助力涨粉等益处。

站内分享包括分享给"抖音好友""群聊""转发""一起看视频""推荐给朋友"等。由于在任务 1.2 中已经讲解过分享操作的方法，这里就不再赘述了。本任务主要讲解如何让粉丝把我们的作品分享给更多人，归纳起来无非三类策略。

项目七／短视频运营

① 制作有趣和有价值的内容。作品内容吸引人，让观众觉得有价值或有趣，这是内容创作的根本。因此了解观众的兴趣偏好，画出精准的观众画像是内容运营人员持续追求的。例如，有亲子教育类的内容容易在家长群内传播，汽车运动类内容容易在男士朋友圈传播，穿搭娱乐类内容容易在女士朋友圈传播等。

② 加入分享提示或呼吁。在视频结尾或描述中加入分享提示，鼓励观众将视频分享给其他人。可以用语言表达，如"如果你觉得这个视频有趣，请分享给你的朋友！"，或者用一些视觉元素表达，如加入动画箭头指向分享按钮。

③ 社交互动和互助。积极与粉丝互动，回复他们的评论，关注他们的分享，并在适当的时候请他们分享你的作品，让他们成为你的作品的推广者，或者创建抖音粉丝群，为群开启"开播自动提醒"及"公开作品自动分享"功能，保障互动的及时性。

（2）话题挑战。

为了引导热门话题，抖音平台根据参与度和影响力等指标，推出热门话题挑战排行榜，并持续更新维护，话题挑战也是抖音商业运作的重要抓手。通过话题挑战，平台流量形成一波又一波浪潮，实现了热门话题的快速切换和商业变现的可控性。所以创作者参与话题挑战，相当于跟随平台的流量，在流量高地"蹭流量"。创作者们应时刻关注榜单，并根据挑战榜上的话题，结合自身账号属性，制作相关内容，从而提高账号的曝光度和影响力。

参与抖音话题挑战的要点如下。

① 进入抖音并登录，点击右上角的"搜索"，将"抖音热榜"下拉到底，点击"查看完整热点榜"，选择"挑战榜"，即可查看最新话题挑战榜单，如图7-14所示。

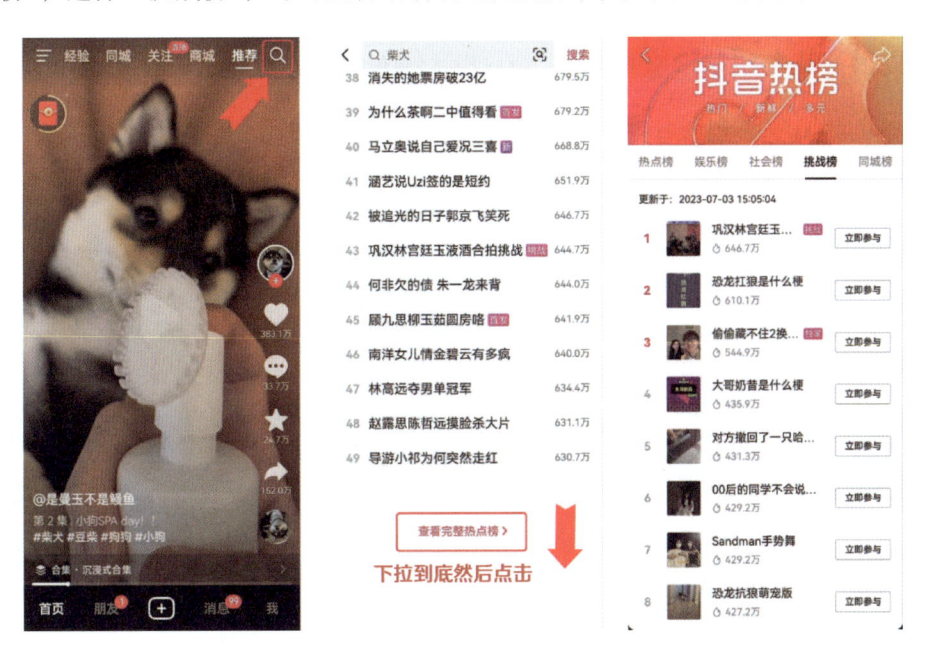

图7-14 话题挑战榜

② 选择想要挑战的话题，点击该话题可以查看话题具体内容，当前参与人数，以及当前话题下的实时、热门视频。

③ 点击"和×××人一起参与挑战"进入发布视频页面，即可参与话题挑战。

参与话题挑战需要注意时效性和热度，抖音话题挑战榜上的话题是有时效性的，要及时把握机会参与，尽量在挑战的初期或高峰期发布作品，以提高曝光度。

2．短视频站外推广

短视频站外推广是指在抖音平台以外的其他渠道和平台上宣传、推广短视频，进一步扩大短视频的曝光度和影响力，吸引更多的观众和用户。通过短视频站外推广，能达到以下效果：增加社交分享和互动；拓展用户群体，增加流量；提高知名度和曝光度；获得商业合作机会。

需要注意的是，站外推广并非一定能带来回报，需要综合考虑作品质量、推广策略、受众定位等因素。同时，站外推广也需要与短视频平台内部的运营相结合，形成一个有效的推广和运营体系。

（1）微信群推广。

站外推广最常见的是利用微信群推广。通过创建或加入相关的微信群，实现较大范围的用户推广。

① 创建个人粉丝群。当创作者拥有一定量的粉丝时，可以在微信创建属于自己的粉丝群，如图7-15所示，以此来增强粉丝之间的互动，激励粉丝去影响更多的用户。可以根据粉丝的活跃度、直播打赏金额、直播间粉丝牌等级等来创建粉丝群。当发布新作品或者开直播时，可以把链接分享到粉丝群里，第一时间触达粉丝，为作品或直播间带来初始流量，如图7-16所示。如果账号是由团队运营，建议由工作人员如助理、经纪人、运营等发布消息，不要由创作者本人发。

图7-15　微信粉丝群　　　　　　图7-16　粉丝群推广

② 加入创作内容相关群。除了创建自己的粉丝群，也可以加入一些和账号内容相关的

微信群。例如，游戏达人板娘小薇，可以加入一些游戏玩家群，如"原神游戏玩家群""王者荣耀游戏玩家群""蛋仔派对玩家群"等。同样建议由负责账号运营的工作人员加群。需要注意的是，不要刚加入群就发营销信息，可以先在群内和大家积极交流，找准机会再以玩家身份介绍创作者。另外，建议不要直接在群里发创作者的作品链接，可以让群友自己去抖音平台搜索"板娘小薇"。

（2）朋友圈推广。

朋友圈是微信中常用的社交工具，也可以利用朋友圈来推广自己的抖音账号。

① 发布视频花絮预告。朋友圈的社交属性较强，可以在朋友圈里晒出视频花絮图片，激发朋友圈好友的兴趣，也可以预告视频发布或直播的具体时间，号召朋友圈好友去观看，如图 7-17 所示。

图 7-17　在朋友圈展示视频花絮

② 发布视频部分片段。也可以在朋友圈发布视频片段，如选择原神 3.7 版本预告视频里的前 30 秒片段，配上文字描述，并在评论区放上这条抖音视频的链接，如图 7-18 所示。

③ 发布多条软文。由于朋友圈中的消息易被淹没，所以消息发布的时间、频率非常重要。如果想引流直播间，建议多天、多次、多时间段发布消息。例如，板娘小薇有一场抖音直播，应提前 3 天在朋友圈预告，并配上直播宣传图，第一天发布时间为下午 16 点左右，第二天下午 18 点左右再发一次预告（采用不同文案不同配图），第三天上午 11 点左右再次

发布预告，开播前两个小时再预告。开播后带直播间截图再发布一次消息。开播期间若有有趣好玩的活动，可以助理身份再发布多次。下播后也应发布感谢消息或精彩片段。这样有利于覆盖到尽可能多的朋友圈好友，具体如图 7-19 和图 7-20 所示。

图 7-18　在朋友圈发布视频片段

图 7-19　朋友圈预告

项目七 / 短视频运营

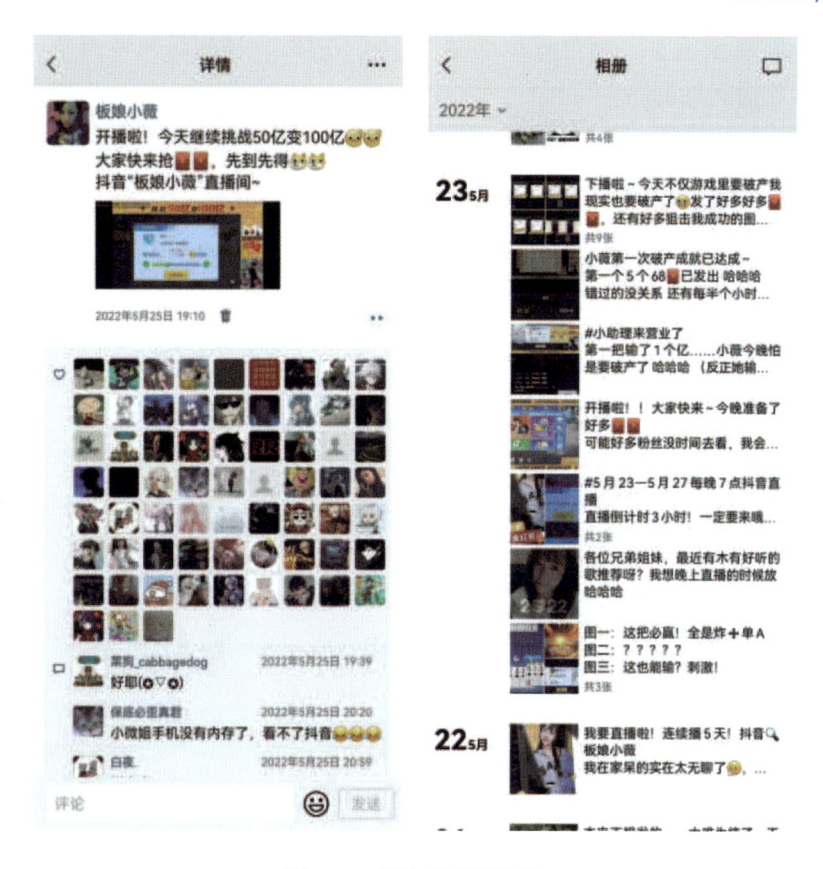

图 7-20　朋友圈更多消息

（3）微博推广。

微博是中国十分有影响力的社交媒体之一，利用微博推广抖音账号已被证明有效。在微博推广需关注以下几点。

① 持续稳定地更新微博。首先，在抖音平台发布视频时，可以同步发布到微博，微信朋友圈的图文推广也可以在微博同步发布，这样，同样的内容可以多平台引流。其次，微博发布视频或动态时需选择对应的超话。每个超话都有自己的标签和首页，能显示相关内容和最新动态。例如，本任务中的原神 3.7 版本预告视频就可从原神超话入口发布，这样能提高用户精准度。

② 利用评论、私信向抖音导流。当视频内容有了关注度后，可以在评论区留言，如"有小伙伴想上车一起玩游戏的吗？可以给我发送私信，就可以知道参与方法啦"，引导用户给账号发私信，并利用自动回复功能，实现向抖音导流，如图 7-21 和图 7-22 所示。

微博私信自动回复功能的设置方法如下。

- 打开微博客户端，登录微博账号。
- 在底部导航栏中找到并点击"消息"，进入消息页面。
- 在消息页面顶部右上方点击"+"→"消息设置"。
- 选择"私信回复设置"→"自动回复"，开启"自动回复"，同时开启"私信自动回复"。
- 点击"私信自动回复"，进入编辑页面，将回复内容设置为"很高兴收到你的私信，

141

我的 uid：××××。我每晚在抖音"板娘小薇"直播间播原神内容，欢迎来观看，期待在直播间见到你~"
- 设置完成后，点击"保存"，进入审核状态，审核完成后自动回复内容即生效。

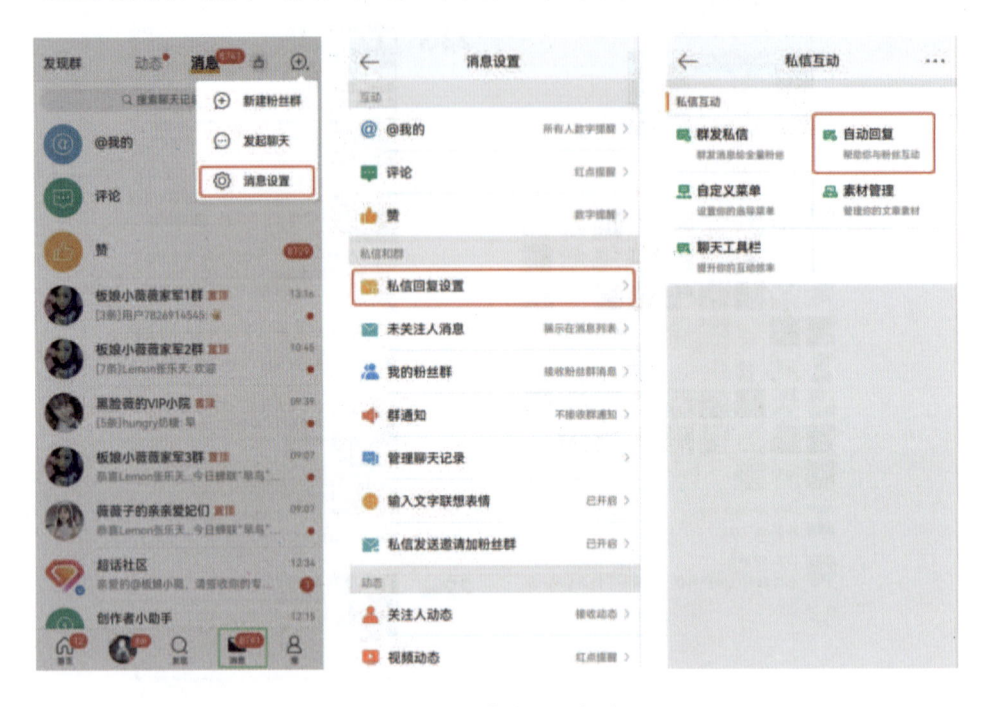

图 7-21　设置私信自动回复步骤一

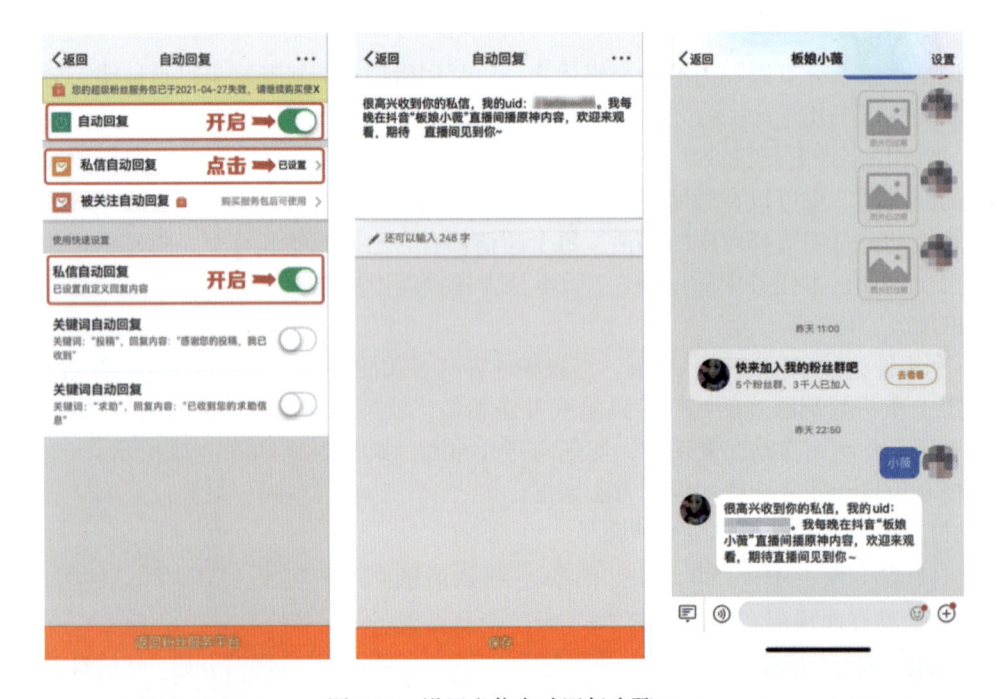

图 7-22　设置私信自动回复步骤二

项目七／短视频运营

注意，微博的私信自动回复功能未来可能会升级，以上步骤仅供参考。如果无法找到相应的功能入口，建议查阅微博官方的帮助文档。

③ 和大 V 合作。和微博大 V 合作是一种效果较好、起效较快的推广方式。合作方式是：提供内容给大 V，大 V 在发布内容时标注来源，如图 7-23 所示。与大 V 合作，有助于提升影响力，但前提是内容足够优秀，很多时候可能还需要向大 V 支付费用。

图 7-23　与大 V 合作

3. 回复评论

（1）短视频评论的作用。

评论在短视频推广中发挥着重要作用。

① 增加互动和参与度，提升用户忠诚度。观众评论可以增加互动，鼓励参与，提升用户忠诚度。

② 提供反馈和建议。从评论中可得到有关视频内容、创作风格等方面的反馈，这对改进和优化内容非常有帮助。

③ 扩大影响力和曝光度。高质量的评论往往会获得点赞和回复，激发热议，吸引更多人关注和参与，提升作品流量。

④ 促进合作。通过评论与其他内容创作者、品牌方进行互动，有助于增加合作机会（互推），甚至带来商机。

（2）评论回复策略。

回复评论应注意以下几点。

① 及时回复。尽量及时回复观众评论，以表达对观众的关注和重视，有利于激发更多互动和讨论。

② 个性化回复。尽量个性化回复评论，如提及评论者的名字，或者对其提出的问题进行详细解答，这样能够让观众感受到被重视和被尊重，如图 7-24 所示。

③ 表达感谢。回复评论时，不要吝啬感谢和赞美，传达善意，从而鼓励观众更积极地参与互动，如图 7-25 所示。

图 7-24　个性化回复　　　　　　　　　　图 7-25　表达感谢

④ 用幽默轻松的口吻。回复评论时，适当地使用幽默轻松的口吻，可让观众感到愉快，有利于带来更多互动，如图 7-26 所示。

⑤ 避免争议和争吵。无论评论是积极的还是消极的，都要保持冷静和理性，避免与观众争吵，保持礼貌和友善的态度，并以合理的方式解决问题。

（3）回复短视频评论。

应用以上策略，在视频评论中挑选合适的评论回复，如图 7-27 所示。举例如下。

第一个问题来自观众"遇见"的"有飞雷建议抽宵宫吗？不氪金的那种"，可以回答"如果不是 xp 党的话建议不抽宵宫，可以看你目前的队伍缺什么角色，万叶也很不错，也可以等下个版本心海或者直接等水神，希望我的回答可以帮助到你"。

第二个问题来自观众"七七ps"的"万叶能不能上半啊，下半的话，就只能放弃宵宫和神子了啊"，可以回答"目前来看卡池位置肯定是确认的了，不可能改变了，如果真的想抽万叶的话，只能等下半池了，这样其实也很好啊，可以攒更多原石抽到的希望更大一些，祝你十连出金万叶不歪"。

图 7-26　用幽默轻松的口吻回复　　　　　图 7-27　选择合适的评论回复

任务总结

短视频推广不仅需要作品质量高、有合适的平台、精心优化描述，还要积极参与话题挑战和粉丝互动。这些策略能够提升短视频的曝光度和影响力，吸引更多观众关注账号和分享作品。

短视频评论在推广和社交媒体互动中具有重要的作用，评论回复的目标是鼓励更多互动和传播。

课堂练习

请大家用自己的抖音账号发布一条短视频，完成以下任务。
（1）从话题挑战发布这条短视频，并在自己的抖音粉丝群、微信粉丝群分享链接。
（2）在自己的微信朋友圈和微博同步发布该条短视频。
（3）关注视频评论，及时回复评论。

在完成上述任务的过程中，注意观察每次推广是否对视频曝光有影响，并与小组成员分享评论回复的效果和心得。

任务 7.3　查询短视频数据，判断视频表现

任务描述

小薇每次发布视频后都会关注视频数据，通过播放及互动数据判断视频是否被正常推荐，视频是否受用户喜爱，请帮助她完成以下任务。
（1）查询短视频播放量及互动数据。
（2）查询短视频转化数据。
（3）利用短视频数据分析工具，判断视频表现。

任务实施

一条视频发布后用户和平台到底喜不喜欢，通过数据就能分析出来。创作者可以通过短视频基础数据及转化数据来分析，也可以利用短视频数据分析工具来分析。

1. 短视频基础数据

短视频的基础数据包含播放量、评论量、点赞量、转发量、收藏量。
（1）播放量。
视频播放量是指视频被观看的次数，因抖音短视频获得曝光后自动播放，播放量也可以认为是曝光量。播放量数据会显示在视频封面下方，如图 7-28 所示。视频播放量是衡量视频受欢迎程度（流量）的关键指标。播放量越高，视频被曝光次数越多，但不代表视频被观众完整观看了。

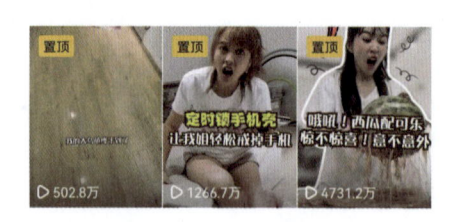

图 7-28　视频播放量

（2）互动量。

视频互动量主要包括点赞量、评论量、分享量、收藏量四项数据，如图 7-29 所示。这些指标可以反映用户对视频内容的喜好程度及与视频的互动行为。

其中，视频评论量是指视频获得评论的次数，一般评论量高的视频内容含有争议、冲突，引发用户讨论的意愿，如南北文化差异、父母与子女观念的差异等。

视频点赞量是指视频获得点赞的次数，点赞量反映了观众对视频内容的喜好程度，如正能量视频、搞笑视频、可爱萌娃视频等比较容易获得点赞。点赞量较高的视频更容易被推荐给更多用户。

图 7-29　互动量

视频分享量是指视频获得分享的次数，分享量高意味着视频具有吸引力，能够引起用户的共鸣，激发用户的传播欲望，如可爱的萌宠、娱乐圈新闻、社会热点等更容易获得分享。分享量直接反映视频传播效果，是短视频运营人员 / 创作者追求的核心指标。

视频收藏量是指视频获得收藏的次数，收藏量高意味着视频对用户有价值，如运动健身、美食制作、装修材料选择等视频更容易获得收藏。

2. 短视频转化数据

短视频转化数据是评估短视频运营效果的主要依据，包括评论率、点赞率、分享率、收藏率、完播率等。

（1）评论率。

短视频评论率是衡量观众对短视频参与程度的指标之一，它表示观众在观看短视频后进行评论的比例。

计算短视频评论率的方法如下。

$$评论率 = (评论量 / 播放量) \times 100\%$$

其中，评论量表示观众对短视频的评论数量，播放量表示短视频的总播放次数。

例如，如果一段短视频的播放量为 1000 次，收到 50 条评论，那么

$$评论率 = (50 / 1000) \times 100\% = 5\%$$

较高的评论率意味着观众对视频内容产生了积极反应，更愿意参与讨论和表达自己的意见。这对于提高用户黏性、增加用户参与度非常重要。

（2）点赞率。

短视频点赞率是衡量观众对短视频喜爱程度的指标之一，它表示观众对短视频进行点赞

的比例。

计算短视频点赞率的方法如下。

$$点赞率 = (点赞量 / 播放量) \times 100\%$$

其中，点赞量表示观众对短视频的点赞数量，播放量表示短视频的总播放次数。

例如，如果一段短视频的播放量为 1000 次，收到 80 个点赞，那么

$$点赞率 = (80 / 1000) \times 100\% = 8\%$$

较高的点赞率意味着观众对视频内容的认可度较高。它不仅可以衡量短视频的受欢迎程度，还可以作为品牌营销和用户参与度的重要指标。

（3）分享率。

短视频分享率是衡量观众对短视频分享意愿的指标之一，它表示观众分享短视频的比例。

计算短视频分享率的方法如下。

$$分享率 = (分享量 / 播放量) \times 100\%$$

其中，分享量表示观众对短视频进行分享的次数，播放量表示短视频的总播放次数。

例如，如果一段短视频的播放量为 1000 次，被分享了 50 次，那么

$$分享率 = (50 / 1000) \times 100\% = 5\%$$

较高的分享率意味着观众对视频内容的兴趣度较高，并愿意将其分享给其他人。这对于扩大短视频的曝光度和影响力非常重要。

（4）收藏率。

短视频收藏率是衡量观众对短视频进行收藏的指标，它表示观众将短视频添加到个人收藏夹或喜爱列表中的比例。

计算短视频收藏率的方法如下。

$$收藏率 = (收藏量 / 播放量) \times 100\%$$

其中，收藏量表示观众将短视频添加到收藏夹的次数，播放量表示短视频的总播放次数。

例如，如果一段短视频的播放量为 1000 次，被收藏了 30 次，那么

$$收藏率 = (30 / 1000) \times 100\% = 3\%$$

较高的收藏率表示观众对视频内容价值的认可，愿意将其保存在个人收藏夹中随时回看。收藏率也是衡量短视频受欢迎程度和观众黏性的重要指标之一。

（5）完播率。

短视频完播率是衡量观众在观看短视频时是否能够观看完整的指标，它表示观众观看短视频的完整程度。

计算短视频完播率的方法如下。

$$完播率 = (完播量 / 播放量) \times 100\%$$

其中，完播量表示观众完整观看短视频的次数，播放量表示短视频的总播放次数。

例如，如果一段短视频的播放量为 1000 次，有 800 次完播，那么

$$完播率 = (800 / 1000) \times 100\% = 80\%$$

较高的完播率意味着视频内容质量高，观众愿意看完整个短视频。完播率是衡量短视频用户留存和用户体验的重要指标之一。

创作者需要注意的是，评论率、点赞率、分享率、收藏率、完播率这些数据不能单看其

中的某一项数据，应结合各种数据进行综合分析，以全面评估短视频的整体情况和用户喜爱度。不同平台对不同类型的短视频可能会有不同的达标标准，掌握达标经验值，是对短视频运营人员的基本要求。

3．短视频数据分析工具

短视频数据分析是基于短视频平台的数据，对短视频内容、观众行为和趋势进行分析和解读的过程。数据分析可以帮助创作者了解受众、优化内容及改进传播策略。

短视频数据的主要来源是抖音数据中心，也可以通过第三方数据网站，如飞瓜数据、蝉妈妈、卡思数据、抖大大等获取数据。短视频数据分析工具有很多，数据网站一般会提供一些数据分析工具，这里主要介绍 Excel 表格。其他的数据分析工具对新手创作者来说并不适用。

（1）抖音数据中心。

抖音数据中心是抖音官方数据来源和统计工具，用于帮助创作者了解视频和账号在抖音上的表现。可以通过以下 3 种常见方法进入抖音数据中心。

方法一：打开抖音 App，依次点击"我"→"右上角三横线按钮"→"抖音创作者中心"→"全部"→"数据中心"。

方法二：打开抖音 App，依次点击"我"→视频详情→"数据分析"。

方法三：打开抖音 App，依次点击"我"→视频详情页→三个点按钮→"数据分析"。

进入抖音数据中心之后，便可查看账号的总览、数据全景、作品数据、粉丝数据等，创作者可以根据自身需求，选择对应的模块查看。

总览包含账号诊断、诊断建议（播放量、互动指数、投稿数、粉丝净增、完播率）、数据观测、核心数据概览（流量分析、互动分析、收入分析、粉丝分析）、诊断分析等，如图 7-30 所示。

图 7-30　数据总览

项目七 / 短视频运营

数据全景包含作品、直播、收入、电商、星图等方面的数据。数据统计周期有昨日、近七日、近30日3个选项可供选择。可以自定义统计指标，如可以选择仅展示作品的完播率、点赞率、评论率、分享率等，如图7-31所示。

图7-31 数据全景

在作品数据中可以查看90天内发布的作品相关数据，可以选择按照时间倒序/正序、点赞倒序/正序（最近100条作品）、评论倒序/正序（最近100条作品）、分享倒序/正序（最近100条作品）统计数据，如图7-32所示。

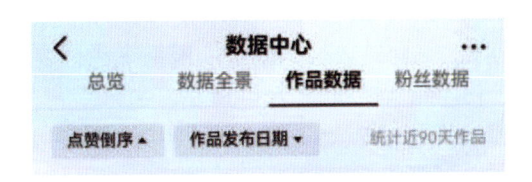

图7-32 作品数据

粉丝数据包含粉丝分析、粉丝画像、粉丝兴趣。其中，粉丝分析包含粉丝基础数据，总粉丝量、铁粉量、近30天粉丝净增量、关注来源、近7日高互动粉丝排名、热门在线时段、互动贡献等数据。粉丝画像包含粉丝性别比例、年龄、城市、设备、活跃度分布等数据。粉丝兴趣包含兴趣分布、粉丝常搜的词、粉丝爱看视频等数据，如图7-33所示。

图 7-33　粉丝数据

（2）应用数据分析工具 Excel。

虽然抖音数据中心的数据很完善，但也存在一些问题。

① 数据保存期有限，不利于进行长期数据统计分析。

② 受制于显示面积，数据难以在一屏中显示，不利于全面展示数据。

③ 数据统计的算法有限，不支持更多复杂算法，如不能对作品数据进行对比分析。

④ 数据统计周期受限，不利于进行灵活处理。

正是因为上述问题，运营人员一般会在 Excel 表中记录相关数据，自定义算法对数据进行分析。小薇一般每周三统计上一周的数据，统计项包括视频标题、链接、播放量、点赞量、评论量、分享量、收藏量、粉丝量等，如图 7-34 所示。

经过查看数据统计表，发现序号 2、5、7 的视频各方面数据更好一些，可以对这几个视频进行二次分析，优化创作出更多优质视频。

平台	粉丝量			抖音						短视频/动态	
	上周总数	本周总数	周总增长	序号	播放量	点赞量	评论量	分享量	收藏量	发布日期	标题	
抖音	1496000	1508000	12,000	1	31w	6210	1332	198	474	7月3日	蛋狼小蛋：3.8卡地怎么抽？看你都不能受的了这些角色的缺点	https://
				2	30.1w	6033	1107	162	488	7月4日	蛋狼小蛋：星弯快递活动送120蛋珑！离出罗刹就是一发了	https://
				3	27w	5320	965	139	414	7月5日	蛋狼小蛋：杨枫和罗刹初次见面的修罗场，感起了那个男人！	https://
				4	28.3w	5607	1009	152	433	7月6日	这面连跑出起点都那么离吗？#蛋仔女孩 #蛋仔	https://
				5	30.2w	6119	1116	159	501	7月7日	通关率0.01%的恶心图，粉丝是故意的还是不小心的？#蛋仔派对 #蛋仔	https://
				6	29.4w	5301	1203	166	487	7月8日	技术在欧气面前，不值一提！#蛋仔派对 #蛋仔	https://
				7	33.1w	6405	1604	242	533	7月9日	玩蛋仔不让人睡，那得多难受啊？#蛋仔跑酷图推荐 #蛋仔派对	https://

图 7-34　Excel 数据统计表

任务总结

数据分析是短视频运营的基础，可以帮助创作者了解观众、改进视频内容、优化推广策略，创作者应了解各项数据的意义和计算方法，学会使用简单数据分析工具，统计分析基础数据和转化数据，为视频数据运营提供依据。

课堂练习

请大家查看自己账号的视频数据，尝试用 Excel 表格记录视频的重要数据，并回答以下问题。

（1）短视频基础数据中，你认为哪一个数据最重要，为什么？

（2）短视频转化数据中，你认为哪个更重要，为什么？

（3）记录一个月的视频数据后，请使用 Excel 生成点赞量—评论量、点赞量—分享量、点赞量—收藏量折线图，尝试总结规律。

项 目 总 结

短视频运营是一项蕴含着营销思维的长期活动，是基于账号定位，将内容、用户、产品联动起来的复杂而精细的活动，也是商家在短视频平台进行产品宣传、推广、营销的一系列活动。其最终目的是让账号朝着预定的方向发展，如提升知名度、获取目标用户、商品营销等。

通过本项目的学习，大家可以掌握精细化运营短视频账号的技巧。从视频发布时精细打磨标题，到视频发布时运用各种推广策略，再到视频发布后运用数据分析工具总结归纳后优化方案，从而提升账号的各项指标，达到营销目的。

项 目 练 习

1. 单项选择题

（1）抖音的 @ 功能是一种用户直接向其他用户或创作者发送（　　）的方式。

　　A. 提醒　　　　　　　　　　B. 评论
　　C. 点赞　　　　　　　　　　D. 关注邀请

（2）某条短视频的播放量为 2000，一共有 100 条评论，则该视频的评论率为（　　）。

　　A. 0.5%　　　　　　　　　　B. 5%
　　C. 0.05%　　　　　　　　　 D. 50%

（3）在撰写视频标题时，可以利用悬念来引发观众的期待和好奇心，下列哪一项采用了这一技巧？（　　）

A. 今天是母亲节，进来留下你最想对妈妈说的一句话吧！
B. 当我第一天来上班的路上，竟然发现……
C. 你今年秋天的第一杯奶茶是谁买的，评论区分享一下吧！
D. 英国短毛猫的护理技巧，全是干货，记得点赞收藏！

（4）为防止保存期和统计周期受限问题，对新手创作者来说合适的短视频数据分析工具是（　　）。

A. 抖音数据中心　　　　　　　　B. 抖大大
C. Excel　　　　　　　　　　　　D. 飞瓜

2．不定项选择题

（1）关于视频完播率，下列说法正确的是（　　）。
A. 完播率代表着观众观看短视频的完整程度
B. 评判一条短视频的转化效果，只看完播率这一项数据就够了
C. 完播率和视频质量没有关系
D. 完播率是衡量短视频观众留存和观众体验的重要指标之一

（2）用手机发布短视频时，撰写优质标题的基本要点有（　　）。
A. 撰写优质文字描述　　　　　　B. 用"#"关联合适话题
C. 添加合适的广告语　　　　　　D. 使用@功能

3．判断题

（1）创作者要想查看短视频数据，唯一的来源就是抖音数据中心。　　　　（　　）
（2）手机端和电脑端发布短视频的操作都需要进入抖音创作服务平台。　　（　　）

项目八

直播运营

学习目标

- 能在平台上创建直播间，设置直播间封面及标题。
- 能根据直播脚本，完成直播设备、软件与道具准备。
- 能监测直播间，与粉丝进行简单的互动。
- 能读懂、查询并导出单场直播数据，能按给定格式填报统计表。

任务 8.1　直播间创建和设备准备

📋 任务描述

新晋生活分享主播小凡（抖音账号为@凡弟很忙）正在为自己的首场抖音直播做准备。小凡计划通过这场直播向粉丝分享自己的生活经验和小窍门，并希望通过直播的方式和粉丝进行更深入的互动。请帮助小凡准备本次抖音直播，完成下面的任务。

（1）撰写直播脚本，并进行脚本预审。
（2）检查和测试直播设备，并确认无误。
（3）创建抖音直播间，设置直播封面、标题、内容等。

📋 任务实施

本任务要求进行首场直播的准备，包括撰写直播脚本和脚本预审，测试直播设备，创建直播间，最后成功启动直播。

1. 直播脚本预审

开播前，小凡已经想好了直播主题，希望通过直播达到涨粉和活跃粉丝的目的。他首先撰写了一份直播脚本，包括直播标题、开场白、主要内容、互动环节和结束语等，如表8-1所示。

表 8-1　直播脚本

时间戳	类别	内容
	直播标题	感受生活的小确幸
21:00-21:05	开场白	欢迎来到我的直播间！我是@凡弟很忙。今天我要和大家一起感受生活中的小确幸，分享一些生活经验和小窍门。在直播过程中，我还准备了一些互动环节，希望大家能积极参与
21:05-21:10	主要内容	我要分享一些我在生活中发现的小确幸，比如如何制作一杯美味的咖啡、如何组织一次简单但温馨的家庭聚会等。希望这些小窍门给大家带来一些快乐和灵感
21:10-21:15	主要内容	我们都会遇到一些不如意的事情，我会分享一些我平时调节心情的方法和小技巧，帮助大家保持积极的心态和健康的生活状态
21:15-21:20	互动环节	我准备了一些有趣的问题，大家可以在评论区回答，每答对一个问题，就有机会获得一个福袋奖励
21:20-21:25	互动环节	如果我们能够达到50人的观众数目标，我将准备一些红包奖励，送给参与直播的宝子们
21:25-21:30	结束语	非常感谢大家的观看和参与！希望我分享的内容能给大家带来一些小确幸和快乐。如果你们还有其他问题或者想要分享的小确幸，欢迎在评论区留言，我会尽力回复。希望下次直播能再次见到大家，明晚9点再见

项目八 / 直播运营

为确保内容合规,可利用巨量百应平台提供的脚本预审功能,对直播脚本进行预审。在浏览器中打开巨量百应网站,用抖音账号登录平台,依次点击"创作"→"预审工具"→"文本预审"→"添加文本",如图8-1所示。

图8-1 脚本预审操作流程

在"选择添加方式"页面点击"文本输入",在"文本标题"栏输入标题,在"文本内容"栏输入脚本内容,再点击"提交",开始对脚本进行预审,预计审核时间2~10分钟,如图8-2所示。

图8-2 添加需要预审的脚本

审核结束后,平台会反馈脚本审核结果,如图8-3所示。

155

图 8-3　脚本审核结果

2. 直播设备准备

在抖音平台使用手机开播前，建议提前做好以下准备。

（1）确保网络连接稳定。建议使用高速、稳定的无线宽带（WiFi）或 5G 移动网络。要保证直播流畅，建议网络上行速度至少达到 3MB/s，可通过网络测速"Speedtest 极速测试"小程序进行测速，如图 8-4 所示。

图 8-4　WiFi 网络和 5G 网络的上行速度测试结果

（2）充足的电量。直播过程中手机的亮屏和视频传输会消耗较多电量。如果没有走播场景，建议手机一边充电一边直播。如果有走播场景，则应提前准备好大功率充电宝，及时补充电量。

（3）调整手机设置。在开播前，适当调整手机设置可以优化直播效果。首先，开启智能手机的免打扰模式；其次，关闭不必要的通知、应用程序和缓存数据，避免干扰和占用手机资源。

（4）清理手机存储空间。在开播前，清理手机存储空间可以避免出现因内存不足导致直播中断的情况。删除手机中不必要的文件，以释放手机的存储空间。

（5）准备直播道具和背景。根据直播内容和主题，准备好相应的直播道具和背景，确保道具和背景整洁、清晰，符合直播间的氛围和风格。

3．创建直播间

（1）进入抖音 App，点击下方的"+"，点击"开直播"，进入直播准备页面。

（2）点击"封面"，选择相应的照片作为直播间封面。例如可选择与主播日常生活相关的照片，如图 8-5 所示。

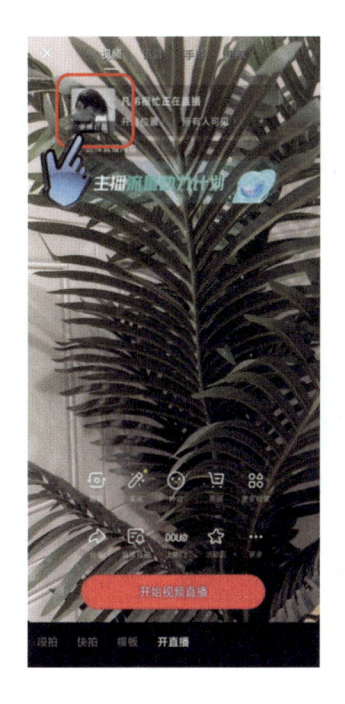

图 8-5　直播间封面设置

（3）点击"标题"，输入直播标题。在此设定直播标题为"感受生活的小确幸"。

设定直播标题时应注意以下几点。

① 简洁明确。直播标题应该简单明确地表达直播的主题，避免使用复杂或冗长的句子。例如，"快乐烹饪：美食制作与分享""健身秘籍：打造完美体态"。

② 独特特色。用标题展示特色。例如，"音乐教室 Live：学习弹奏你最喜爱的曲子""创意手工 DIY：打造个性化的家居装饰"。

③ 引发情感共鸣。通过标题引发情感共鸣，触动观众的情绪。例如，"阳光微笑：传递快乐的正能量""温馨亲子时光：家庭团聚的幸福时刻"。

④ 揭示价值和好处。直播标题可以直接或间接地揭示观众能从直播中获得什么样的价值和好处。例如，"职场晋升秘诀：助力你的职业发展""财富管理课堂：学会理财，创造财富"。

（4）选择直播内容。抖音平台会给出很多选项供选择，精准选择直播内容，有助于聚集更多兴趣相投的观众。在"选择直播内容"下方的搜索栏中输入并选中"日常聊天"，这样直播间的设置工作就完成了，如图 8-6 所示。

图 8-6　直播内容设置

任务总结

在直播的前期准备中，小凡考虑了内容规划、设备和网络的稳定性、与观众的互动设计等多个方面。请大家思考以下问题。

（1）为什么撰写直播脚本并进行内容预审是必要的？如果不进行预审，可能面临哪些风险？

（2）如何确保直播中的网络稳定性？为什么宽带上行速度对直播质量至关重要？

（3）使用手机进行直播时，可能面临哪些干扰因素？如何避免这些干扰因素影响到直播？

课堂练习

请大家根据本任务所学知识，用手机进行一次直播，要求如下。

（1）直播前进行设备调试，确保设备和网络稳定。

（2）设置直播间封面及直播标题，使其符合本次直播主题。

任务 8.2　监测直播间，提升直播互动效果

任务描述

小凡正准备启动他的抖音直播首秀。端午节即将到来，小凡计划通过直播与粉丝一起包粽子，分享包粽子的小窍门和端午节的传统文化。他希望借此机会与粉丝进行互动，提升粉丝的参与度，活跃直播间气氛，请帮助小凡完成以下任务。

（1）预设互动环节，并准备福袋、红包等互动工具。
（2）利用音乐、音效活跃直播间气氛。
（3）监测直播间情况，处理负面评论。
（4）适时引导关注，实现涨粉。

任务实施

新手主播在直播时，最怕直播间气氛冷场，或是出现负面评论，出现这些情况会严重影响主播情绪。本任务将给出一些直播技巧，帮助新手主播妥善应对这些负面情况。新手主播的核心任务是涨粉，涨粉的方法很多，其中发放福袋是很有效的方式之一。本任务以端午节包粽子直播为例，介绍互动环节的预设、营销互动工具的设置、直播间氛围营造、控评方法，以及引导关注的方法等。

1. 预设互动环节

一场成功的直播，对主播最基本的要求就是能够完整而流畅地执行直播流程，这需要在直播前设计好直播流程。经过思考，小凡为这场直播设计了问答互动、粽子制作技巧分享与互动等环节，并预设了相应的奖励。其中，问答互动的目标是引流和驻流，即承接开播后平台推荐进入直播间的观众，并有效留住这些观众。粽子制作技巧分享与互动是该场直播的核心环节，小凡希望通过该环节吸引一批热爱生活的观众关注自己，实现涨粉目标。

（1）问答互动环节。在此环节可设计一些与端午节或粽子相关的知识问答，如表 8-2 所示。

表 8-2　知识问答

序号	问题	参考答案
1	端午节的由来是什么？	屈原投江等
2	粽子有哪些口味？	甜粽、咸粽、豉汁粽、豆沙粽等
3	粽子在不同地区有哪些特色？	陕西蜂蜜凉粽、广西枕头粽、云南竹筒粽等
4	端午节除了吃粽子，还有哪些习俗？	挂菖蒲、赛龙舟、戴五色丝线等

续表

序号	问题	参考答案
5	包粽子需要什么材料？	糯米、粽叶、线、各种填料等
6	哪些历史人物与端午节有关？	屈原、吴起、曹娥等
7	哪些诗词描绘了端午节？	屈原的《离骚》、苏轼的《浣溪沙·端午》等
8	端午节的英文名是什么？	Dragon Boat Festival
9	端午节在农历的哪一天？	农历五月初五

每个问题送一个红包作为奖励，每个红包 20 钻石，15 个人可以领，观众答对问题就有机会获得一个红包。红包分为礼物红包和钻石红包，以"立即可领"或"5 分钟以后可领"形式发放，达到引流和驻流的作用。以钻石红包设置为例，在手机直播页面底部依次点击"更多"→"礼物"→"红包"→"钻石红包"，如图 8-7 所示。

图 8-7 钻石红包设置

每次红包送出后，应抓住时机与粉丝进行密切互动，这是直播时常用的控制节奏的方法。利用红包互动可以将一场较为漫长的直播切分为多个小节，从而有效控制直播间流量曲线。为了实现流量控制，一场直播实际发出多少个红包可以不事先确定，而由主播根据直播间流量情况实时决策。因为主播小凡还是名新手，所以他预先想好了在几个关键节点发放红包，并计划当直播间在线人数少于 5 人时，可以临时发放红包，以保持直播间最低人气值。直播间发放红包的效果如图 8-8 所示。

（2）粽子制作技巧分享与互动。小凡在直播中分享了他的粽子制作技巧，并邀请观众分享制作经验。为了增加观众评论互动数据，他准备发放一些福袋。福袋的参与对象分为"所有观众"和"仅粉丝团"，参与方式分为"点歌参与""评论口令参与"和"分享直播间参与"，并可设置倒计时。在手机直播页面底部依次点击"互动"→"福袋"，即可进行福袋设置，如图 8-9 所示。

小凡预先设置的福袋参与对象是"所有观众"，即在直播过程中发放福袋后，所有观众都可以领取。参与方式是"评论口令参与"，即观众要获得福袋，需要发表指定的评论语，如"主播加油，深夜包粽"，这有利于增加直播间评论，让平台知道该直播间中主播与观众有良好的互动，从而鼓励平台推送更多流量。

图 8-8　直播间发放红包的效果

图 8-9　福袋设置

2．利用音乐和音效活跃直播间气氛

直播过程中如果单纯只依靠主播口播，就需要主播有非常强的内容输出和控场能力。作为新手主播，可以使用一些技巧来活跃直播间气氛，这里介绍使用背景音乐和引入氛围音效两种。

（1）使用背景音乐烘托直播间气氛。

在节庆日直播时，常常使用背景音乐烘托直播间气氛。在手机直播页面底部依次点击"更多"→"音乐"→"点歌"，即可搜索歌曲或音乐，实现在直播时播放背景音乐。小凡选择了节奏感很强的"半岛铁盒"作为直播背景音乐，效果不错。需要注意的是，背景音乐不能影响主播的口播声音，否则背景音乐就成了噪声。一般将"人声音量"设置得较"伴奏音量"高很多，如图 8-10 所示。

图 8-10　背景音乐设置

（2）引入氛围音效。

使用背景音乐可以为直播间营造基本的氛围感，但有时还不够。例如，当成功包好一只粽子时，如果有掌声音效配合的话，能大幅提升直播效果。小凡提前做了准备，计划使用音效来活跃直播间气氛。

小凡选用了外加手机声卡及安装第三方 App 的音效方案。外加手机声卡的最大好处是操作快捷（直接按键就可发出声卡预设的音效），这样直播间无论遇到什么情况，都能立即使用合适的音效配合，如掌声、笑声、欢呼声等。直播手机外接声卡的连接方式如图 8-11 所示。

如果要使用更多音效，可以在直播手机上安装森然音频 App，该 App 的音效库素材丰富、更新速度快，各种参数的调节也更精细，如图 8-12 所示。

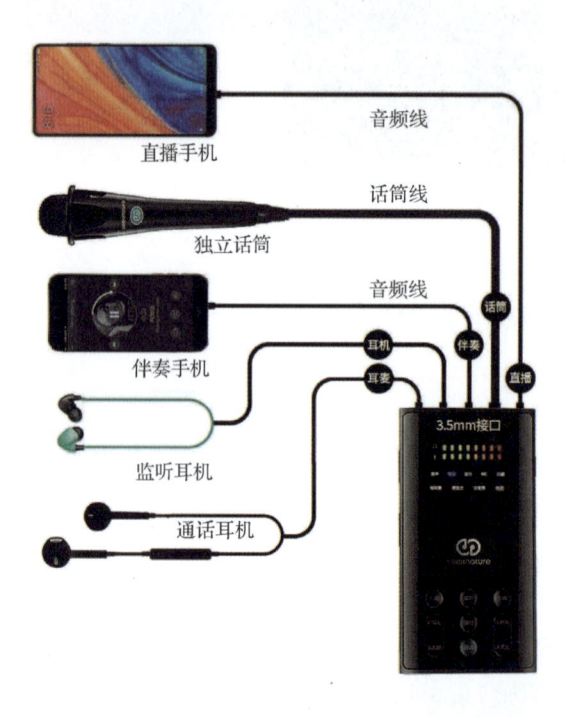

图 8-11　直播手机外接声卡的连接方式

图 8-12　森然音频 App 的音效设置

3．监测直播间情况，实现控评

在努力营造良好直播间氛围的同时，主播需要持续监测直播间的情况，如观众数量、弹幕热度、点赞量等，特别要关注负面评论。在遇到负面评论时，应通过引导正面的互动来维持直播间气氛，可以采用以下两种策略：转移注意力和福袋控评。

（1）转移注意力。

在遇到负面评论时，可以采取转移话题的策略，以下是一些可供参考的话术。

① 引入问答互动。例如，"这就是包粽子的乐趣之一，每个人都有自己的独特方式。说到这里，让我们开始下一个环节吧，我有一道关于粽子的问题等待大家回答，首位答对的朋友会获得一个小红包哦！"

② 鼓励观众发布评论，淹没负面评论。例如，"其实，粽子的种类和口味在全国各地都有很大的差异。你们觉得哪种粽子最好吃呢？大家在评论区留言，让我们一起探讨下。"或者，"感谢大家对直播的关注。其实每个人包粽子的方法都可能有所不同，大家有什么独特的包粽子技巧或者小窍门吗？欢迎在评论区分享，让我们一起学习。"

③ 展示步骤。例如，"大家看，我正在做这个步骤，这里需要特别注意的是……如果大

家有更好的建议或者技巧,欢迎分享。"

④ 启动点歌环节。例如,"大家觉得有哪些歌适合端午节呢?推荐几首听听。"

(2)福袋控评。

在遇到负面评论时,还可以通过将福袋的参与方式设置为"评论口令参与",把良性评论顶上去,这样也能达到快速控评的效果,如图 8-13 所示。

图 8-13 口令福袋控评效果

此外,对于负面评论的处理,还可以采取以下应对策略。

① 忽略。如果负面评论并不影响直播的进程和气氛,可以选择忽略。

② 拉黑。如果负面评论过于恶劣,可以选择将发布负面评论者(通常叫"黑粉")拉黑,踢出直播间。

③ 回应。可以用幽默和机智的方式回应,转化黑粉。

4.适时引导关注,实现涨粉

在直播过程中,运营人员需要与主播紧密协作,确保直播顺利进行,目的是让观众获得最佳体验,从而转化为粉丝。转粉最有效的方法是提供有价值的内容,这需要主播提升自己的综合素养,决非一朝一夕之功。在直播间发放福袋,则是比较快捷简单的涨粉策略。小凡在分享自己的包粽子技巧后,确认了一些还停留在直播间的观众是他的"精准用户",此时可以发放福袋奖励,促进这些观众转粉。将福袋的参与对象设置为"仅粉丝团,等级无要求",即可引导观众关注主播,加入粉丝团从而实现涨粉,如图 8-14 所示。

项目八 / 直 播 运 营

图 8-14　福袋引导关注

任务总结

新手主播要做到的最重要的一点是敢于直播，其次是坚持直播，这样才能不断积累经验，找到"镜头感"，最终成为成熟主播。新手主播在直播时需要解决冷场、气氛不好、出现负面评论等问题。解决办法有：预先设计互动环节，利用福袋划分直播时段；利用音乐和音效活跃直播间气氛；利用转移注意力和福袋控评两种策略处理负面评论。其中转移注意力这种策略对主播有一定的能力要求，而福袋控评则简单易操作，新手主播很容易掌握。

课堂练习

请大家根据本任务所学知识，在手机直播过程中练习使用直播互动工具，要求如下。
（1）成功发放红包、福袋至少各一个。
（2）设置直播间背景音乐。
（3）尝试用口播和福袋两种方式引导关注，并在下播后对比总结两种方式的效果。

任务 8.3　制作直播日复盘表

任务描述

小凡在端午节期间直播分享了自己家乡的端午节习俗，到底效果如何，需要进行直播复

165

盘总结，请帮助小凡完成以下任务。

（1）收集端午节直播的数据。

（2）用给定模板整理直播数据。

任务实施

直播复盘是直播活动中非常重要的一个环节，对于直播效果超过预期的直播活动，需要分析总结每个环节的成功经验，并将之应用于下一次直播；对于没有达到预期效果的直播，需要总结出现问题的地方，分析原因并及时改进，避免再次发生同样的问题。

1．收集数据

（1）在完成一次直播后，应及时收集直播相关数据，包括观看人次、观众人数、在线人数峰值等。进入抖音创作服务平台，点击"直播数据"→"单场数据"，将时间选择为开播日期，如图8-15所示。

图8-15　抖音创作服务平台中的单场数据

（2）点击右上角的"导出数据"，即可获得设定日期内直播场次数据表格，如图8-16所示。

图8-16　直播场次数据表格

项目八／直播运营

（3）本任务中共导出了三场直播的数据，在此以第二场直播数据为例说明这些数据的具体含义，如表 8-3 所示。

表 8-3　直播数据含义

数据名称	具体涵义
直播名称	即直播标题，在直播推荐页面的左下角呈现，可以帮助观众快速了解直播内容，提高观众进入直播间的概率。如果不填写直播标题，则默认为"×××正在直播"
开播时间	开播的日期和时间，如本场直播是"2023-06-17 22:58"，方便后期查询数据
观看人次	对每次直播的观看次数的统计，直播中可以在直播间的右上角设置"观看人次"或者"观众人数"。本场直播的观看人次为 262 次
观众人数	直播的观众总数，观众离开并重新进入只会计算一次。本场直播的观众人数为 219 人，观众人数小于观看人次，说明有一些观众退出后再次进入直播间观看，反应出直播内容具有一定的吸引力
在线人数峰值	直播的最高在线观众数量。该数据可以帮助运营人员记录直播高光时刻。本场直播的在线人数峰值为 15 人，相对观众人数，该数值较低，说明直播无明显高潮，需要在直播内容上进行调整
直播时长（分钟）	直播的开播时长。该数据可以帮助运营人员找到最适合的直播时长。本场直播共持续了 54.2 分钟，接下来运营人员可以测试持续直播 2 小时和 3 小时，观察不同的直播时长对直播数据的影响
评论人数	直播期间发表评论的观众数量，是重要的互动数据。在本场直播中，评论人数为 10 人，互动率为 4.5%（互动率＝评论人数/观看总人数），属于中等偏下，应在直播脚本中增加互动环节和互动话术
新增粉丝	直播期间新加入或关注主播的粉丝数量，是考核直播效果的核心数据。本场直播新增粉丝 7 人，转粉率为 3.2%（转粉率＝新增粉丝数/观看总人数），转粉率体现了直播间内容对观众的价值，过低的转粉率说明直播在引导关注方面准备不足
送礼人数	直播期间给主播送礼物的观众数量，是直接关系主播收入的核心数据。相对于涨粉，送礼属于二次转化，更加珍贵。在直播数据的"本场观众贡献音浪榜单"中可以找到礼物赠送排名，可以将送礼观众拉入粉丝群，进行粉丝运营，与粉丝产生更紧密的联系。本场直播的送礼人数为 3 人，这 3 人需要下播后联系。送礼人数过低，侧面说明直播内容不够精彩，缺少亮点
收获音浪	音浪是直播平台的虚拟货币，直播期间收到的礼物会兑换成音浪进行记录，1 元的礼物等于 10 音浪。本场直播收获音浪为 6，说明粉丝赠送了 0.6 元的礼物
直播收益（元）	整场直播获得的总收入，以元为单位记录，直播收益由主播与抖音平台平分，各获 50%，该数据仅显示主播的收入。本场直播收获音浪为 6，主播分配的收入为 0.3 元

2. 直播数据整理

收集直播数据后，还需要将每场直播的数据汇总整理。不同直播对数据汇总整理的要求不同，初学者不用将汇总表设计得太复杂，对于小凡本场的直播，可以采用日复盘表模板整理直播数据，步骤如下。

（1）将前面导出的本场数据粘贴到直播日复盘表中，如图 8-17 所示。

（2）在抖音 App 依次点击"我"→"三横杠"按钮→"抖音创作者中心"→"主播中心"→"数据中心"→"直播场次"，将本场直播的"核心指标""收获音浪趋势""观众分析"和"回放分析"页面截图，粘贴到直播日复盘表中，如图 8-18 所示。截图的目的是与数据互为佐证，并补充重要的信息（如送礼账号信息）。

167

图 8-17 直播日复盘表

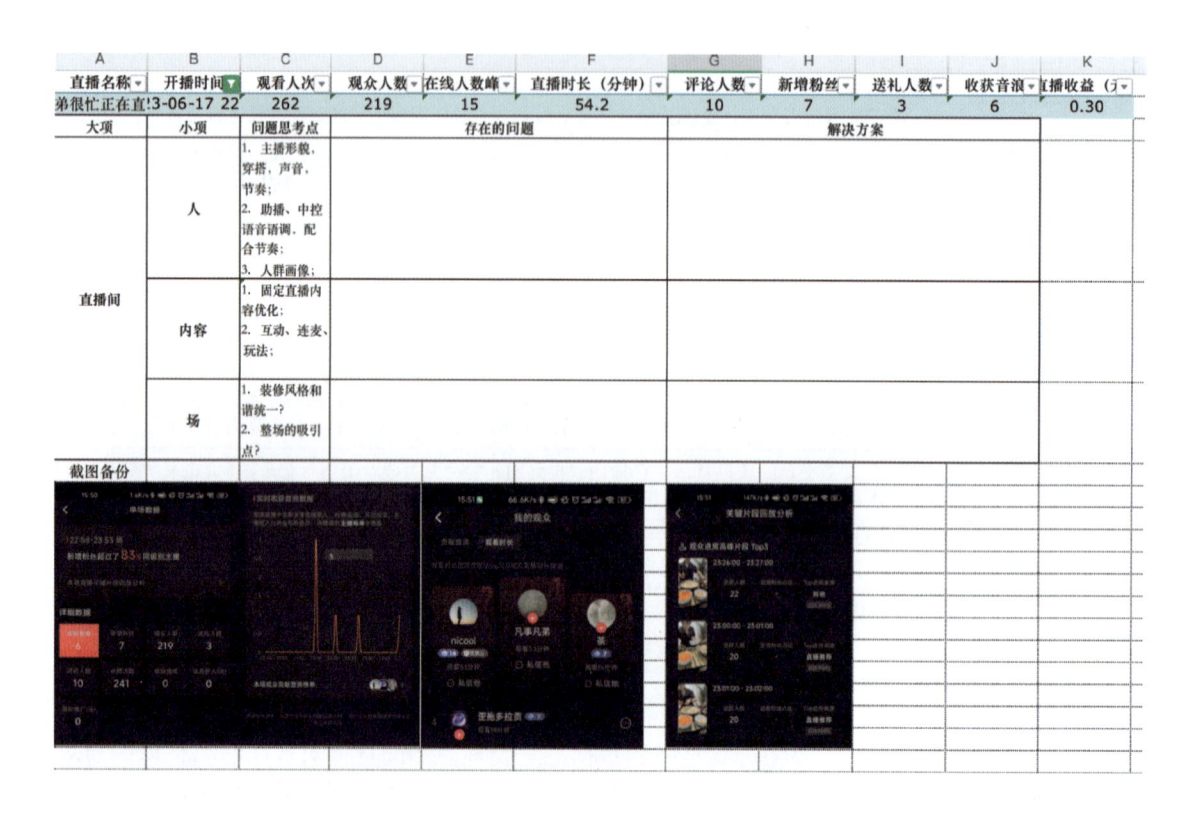

图 8-18 将截图粘贴到直播日复盘表

（3）直播数据整理完成后，直播团队应召开日复盘会议，一起分析本场直播的问题点和解决方案，日复一日地分析与优化是打造成功主播的必要基础。通过对以上数据的分析可知，小凡刚刚开始抖音直播，还没有清晰的粉丝人群画像，也没有推动变现，观众人数还处于"起步"阶段，故没有深度数据分析的价值，详细的数据分析与优化将在《自媒体运营（中级）》中学习。当前的任务是持续改进内容，增加精准粉丝数量，这样将来才有变现的可能。

（4）将一周的直播数据保存在一个 Excel 文件中。

任务总结

直播领域的头部效应显而易见，尽管绝大部分数据难以进行深度分析，但这并不意味着可以忽视这些数据。许多初学者在尝试解读和优化数据时可能会感到困惑和沮丧，但只要坚持并找到正确的方向，就有可能实现数据的飙升。使用数据的关键在于持续地收集、整理和分析数据，并将其与具体的运营活动相联系。

课堂练习

请大家根据本任务所学知识，收集自己直播的数据，要求如下。
（1）导出数据，并填写在直播日复盘表中。
（2）尝试解读数据，写出发现的问题并拟订解决方案。
（3）与学习小组成员讨论，请其他成员评论你发现的问题和拟订的解决方案。
（4）尝试预测所提解决方案将对哪些数据产生影响，并评估影响程度。
上述练习需持续执行一个月。

项 目 总 结

通过对本项目的学习，读者不仅能够掌握直播运营的实际操作技能，还能够深入了解观众需求，提高直播内容的吸引力和观众参与度；能够通过数据分析，不断优化直播策略，实现更好的直播效果。这些学习成果将为想成为主播的读者在直播领域的进一步发展和成功奠定坚实的基础，并增强其在直播行业中的竞争能力和创新能力。

项 目 练 习

1. 单项选择题

（1）在抖音数据中心，直播平台的虚拟货币被称为（　　）。
  A. 钻石   B. 抖音币
  C. 音浪   D. 声浪
（2）在直播数据中，（　　）代表着本场直播的最高在线观众数量。
  A. 观看人次   B. 观众人数
  C. 在线人数峰值   D. 新增粉丝
（3）在直播间遭遇负面评论时，采取以下哪种策略是错误的？（　　）
  A. 利用福袋控评，设置参与方式为"口令福袋"
  B. 引入问答互动，把负面评论刷下去
  C. 对于过于恶劣的黑粉，拉黑并踢出直播间

D. 直接与黑粉对骂
（4）利用手机开直播时，可设置的内容包括（　　）。
  A. 直播标题　　　　　　　　B. 直播内容
  C. 定位　　　　　　　　　　D. 虚拟背景

2．不定项选择题

（1）简单的直播脚本主要包括下列哪些内容？（　　）
  A. 直播标题　　　　　　　　B. 开场白/结束语
  C. 主要内容讲解　　　　　　D. 互动环节
（2）设计直播标题的方法主要有（　　）。
  A. 简洁明确　　　　　　　　B. 独特特色
  C. 引发情感共鸣　　　　　　D. 揭示价值和好处

3．判断题

（1）背景音乐可以起到烘托直播间气氛的作用，但不能影响主播的口播声音。（　　）
（2）直播间气氛的营造不能只靠主播，直播团队中的场控或运营人员要与主播协作，活跃直播间气氛，如使用背景音乐和音效等。（　　）

项目九

用户运营

学习目标

- 能及时关注粉丝,增加朋友数量。
- 能利用平台关注功能,链接更多用户。
- 能根据用户分类创建不同社群,设置群名称等基本信息。
- 能在社群发布内容和进行互动,保持社群活跃。

任务 9.1　回关粉丝，链接更多用户

🔲 任务描述

抖音美食达人小洁（抖音账号为 @ 乡村厨房）发布首条美食短视频后，得到了许多粉丝的支持。为了确保持续而稳定的粉丝增长，小洁要积极回应那些关注的粉丝。请帮助小洁完成以下任务。

（1）完善个人信息，对关注的粉丝进行初步筛选并回关。
（2）及时处理粉丝的私信和评论。
（3）利用平台推荐和关注功能，链接更多潜在的用户。

🔲 任务实施

达人是拥有较多粉丝的公众人物，故要想成为达人，先要寻找兴趣相投的粉丝。可以从个人信息的设置开始，然后发布达人感兴趣的视频作品，从而吸引相同兴趣的粉丝。当有很多粉丝关注达人后，达人应从粉丝的属性（年龄、性别等）、地域分布、关注目的等方面进行甄别，对关注的粉丝进行回关。如果发现有黑粉（关注目的不纯的用户）要及时处理。为了确保持续而稳定的粉丝增长，达人不能坐等粉丝关注，还要利用平台的大数据推送功能，链接更多的潜在用户。另外只是聚集粉丝还不够，需要让粉丝活跃起来，形成良好的互动社群，从而进一步吸引更多粉丝。最基本的互动是回复私信和评论，但切忌重复化、机械化地回复，要有自己的风格。

1. 完善个人信息，对关注的粉丝进行初步筛选并回关

（1）完善个人信息有助于建立个人形象，提升可信度和吸引目标受众。

打开抖音 App，点击"我"→"编辑资料"，如图 9-1 所示。将个人信息按实际情况完善就可以了，如图 9-2 所示。

（2）回关粉丝有利于扩大内容传播范围，吸引更多潜在用户，为创作者持续发展和成长打下基础。

粉丝回关前，最好先移除黑粉。达人应经常浏览粉丝评论和留言，如果发现负面或攻击性的评论，可以判定发布者为黑粉，如图 9-3 所示，要果断处理。点击"消息"→"新朋友"，在新朋友列表中找到该黑粉，点击"移除粉丝"即可，如图 9-4 所示。然后处理负面评论，长按该负面评论并点击"删除"即可。移除黑粉后，可以对剩下的粉丝进行回关操作，点击"消息"→"新朋友"，点击相关粉丝后的"关注"即可。

项目九／用 户 运 营

图 9-1　编辑主页

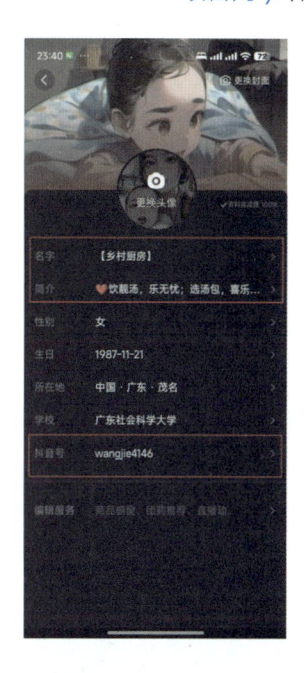

图 9-2　完善个人信息

图 9-3　负面评论示例

图 9-4　移除黑粉

2．处理粉丝私信和评论

及时处理粉丝的私信及评论有助于促进互动，增强粉丝忠诚度。
（1）对粉丝进行回关之后，可以给对方发送私信。点击想私信的粉丝，打开该粉丝的个

173

人主页，点击"私信"，可以给粉丝发送提前编辑好的问候或感谢语，如图9-5所示。对回关粉丝批量私信，是粉丝运营的基本操作。

（2）对于粉丝发来的私信，可以在"消息"处找到并回复，如图9-6所示。

图9-5　给回关粉丝发私信　　　　　　　　图9-6　回复粉丝的私信

（3）对于粉丝的评论，可以点击"消息"→"互动消息"，在"全部消息"页面中找到该粉丝的评论并进行回复，如图9-7所示。

图9-7　回复粉丝的评论

3. 让抖音推送更多粉丝

刚开始运营账号时，目标是快速积累粉丝，达人可以在账号中进行一些设置，让平台推送更多用户。

（1）主动要求抖音平台推送用户。打开抖音 App，点击"消息"→"新朋友"→"设置"（右上角小齿轮按钮），开启"向我推荐可能认识的人"功能，如图 9-8 所示。

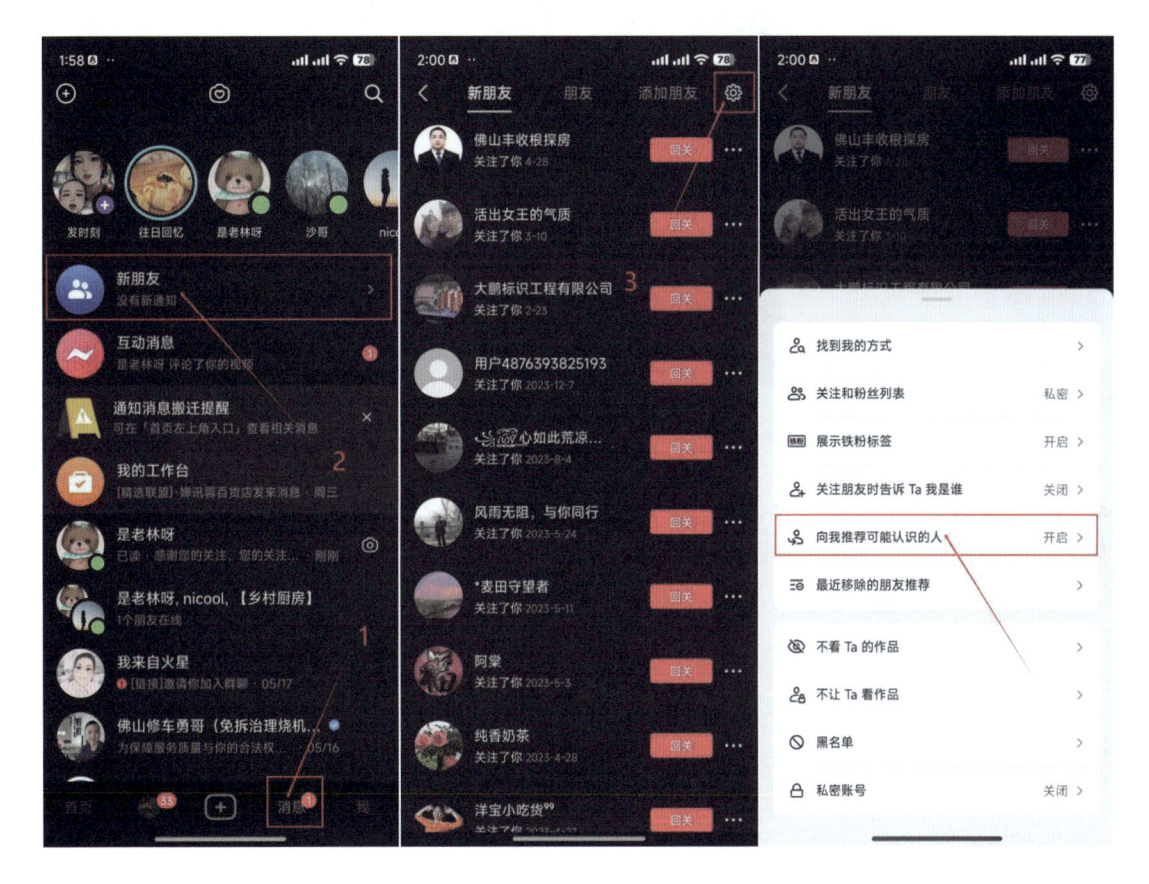

图 9-8　主动要求抖音平台推送用户

（2）开启其他用户"找到我的方式"功能。打开抖音 App，点击"消息"→"新朋友"→"设置"（右上角小齿轮按钮）→"找到我的方式"，让 3 个选项均处于开启状态，如图 9-9 所示。

（3）主动添加朋友。如图 9-10 所示，点击"添加朋友"按钮，可以通过多种方式添加新朋友，如分享加朋友（系统生成口令，通过微信或 QQ 分享）、通讯录（调用手机通讯录）、抖音号（复制本人抖音号分享）、扫一扫（扫描他人抖音码）、二维码（复制本人抖音二维码分享）、面对面（搜索附近运行抖音 App 的用户）。

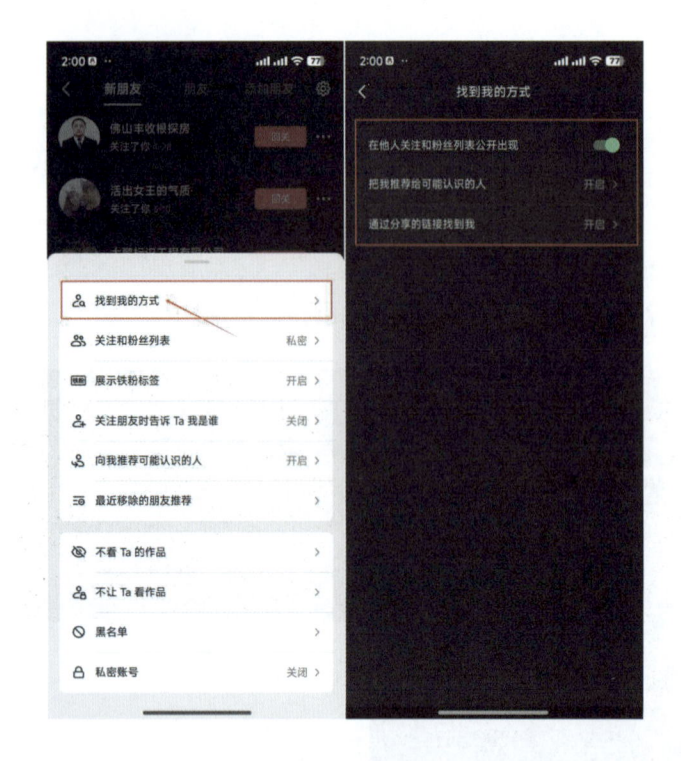

图 9-9　开启其他用户"找到我的方式"功能　　　　图 9-10　主动添加朋友

任务总结

本任务的目的是让新手达人学会如何快速涨粉。新手达人第一个阶段的涨粉目标是 1000 个粉丝（这是开通商品橱窗的条件之一），第二个阶段的涨粉目标是 10000 个粉丝（这是多种星图任务接单条件之一）。

达人应主要通过创作优质作品或直播来涨粉，也可以直接通过用户运营来涨粉。通过用户运营来涨粉概括起来主要有两大策略。

（1）主动策略。在抖音平台开启"向我推荐可能认识的人"功能，并将"找到我的方式"中的选项全部设为开启状态，主动关注系统推荐的用户。

（2）被动策略。对于"已关注我的粉丝"，及时回关并私信互动，间接吸引更多粉丝关注。

抖音平台用户量庞大，难免会遇到黑粉，要及时清理黑粉及其发布的负面评论，以免影响涨粉。

课堂练习

请大家使用自己的抖音账号，重复本任务的相关操作，每天主动关注 100 个系统推荐的用户，连续执行一个月。在学习小组内对比一下，看看最终谁的粉丝量最多。请思考以下问题。

（1）如果每人都坚持关注 100 人 / 天，为什么最终粉丝数量会有差别？

（2）如果遇到黑粉，你应如何处理？

任务 9.2　创建社群并保持活跃

📋 任务描述

抖音美食达人 @ 乡村厨房完成前面的涨粉任务后,粉丝数量呈现稳定增长的趋势,为了确保粉丝的留存率及活跃度,要创建社群并和粉丝进行互动。请帮助达人完成以下任务。

(1) 根据用户分类创建不同社群。
(2) 设置群名称、群介绍和社群规则。
(3) 在社群中发布内容和进行互动,保持社群活跃。

📋 任务实施

创建并管理活跃的社群是社交媒体用户运营的重要工作,有助于与粉丝建立并保持良好的关系。严格来说,粉丝还不是"私域流量",难以常态化运营。但如果组建社群,入群的粉丝基本上可以算作"私域流量"了,因为信息可以快速触达,能比较容易进行常态化运营。

首先,根据粉丝兴趣和行为,可以将他们分成不同的类别。然后,为这些类别创建相应的社群,设置有吸引力的群名称和简介。一旦社群建立,就可以定期发布相关内容,满足社群成员的需求,吸引更多粉丝入群,并推动粉丝互动。达人要积极参与到互动中,回复评论,感谢分享,使社群成员感到被尊重。最后,需定期评估社群成员增长、活跃度和互动情况等,以便进行必要的运营策略调整。例如,如果社群活跃度下降,可能需要增加内容发布频率,提升内容质量;如果社群成员数量增长缓慢,可能需要改善宣传方式,增加社群活动,甚至设立定位不同的新社群。

1. 创建社群并设置社群的基本信息

创建社群有助于对粉丝进行批量管理,而设置社群基本信息有利于粉丝裂变,提高目标受众的精准度。

(1) 创建粉丝群。打开抖音 App,依次点击"我"→右上角"三横杠按钮"→"抖音创作者中心"→"主播中心"→"更多"→"粉丝群"→"立刻创建粉丝群",这样一个粉丝群就创建成功了,如图 9-11 所示。

图9-11 创建粉丝群的操作步骤

（2）确定粉丝群分类。粉丝群的分类有多种标准，因为抖音平台是兴趣社区，可以考虑根据粉丝的兴趣进行分类，粉丝的兴趣可通过其发表的评论或直接访谈来了解，如图9-12所示。这里选取3个兴趣主题：烘焙爱好者、川菜探索者、健康饮食追求者。

图 9-12 通过评论了解粉丝的兴趣

（3）设置群名称和头像。在创建好的粉丝群中依次点击右上角"三个点"按钮→"更多"→"设置群名和头像"，就可以设置对应群的名称和头像，如图 9-13 所示。这里将创建的 3 个群，分别命名为烘焙爱好者、川菜探索者、健康饮食追求者。头像可以使用达人的默认头像，也可以根据社区兴趣的定位更换头像。

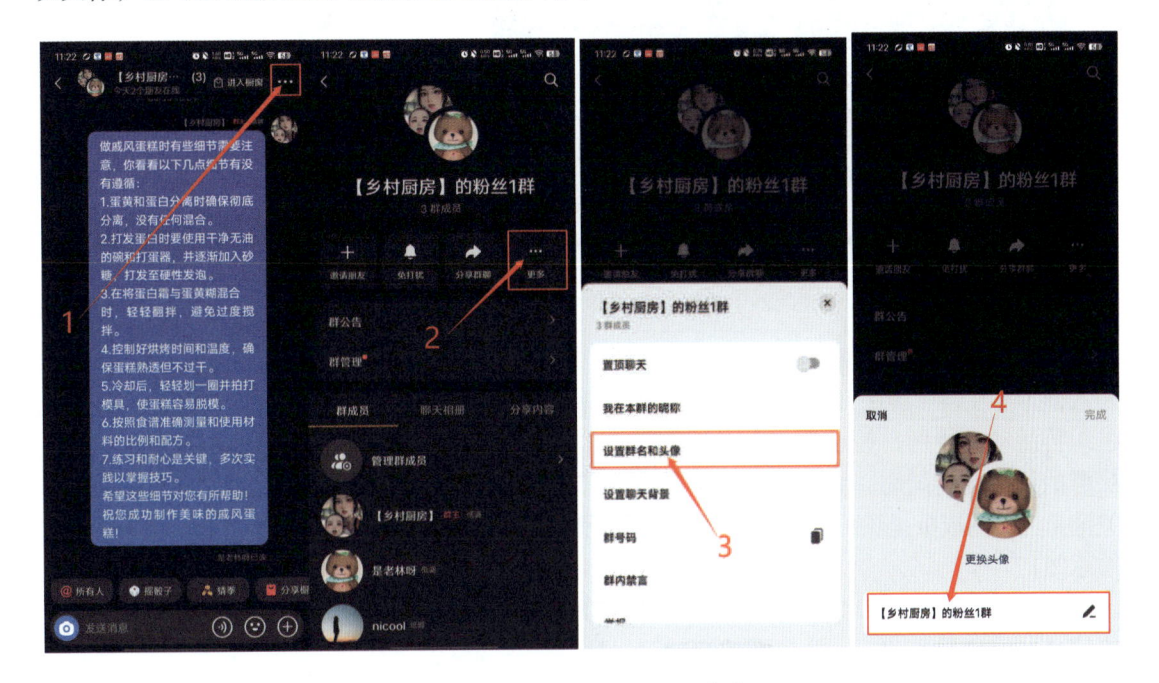

图 9-13 设置群名称和头像操作步骤

（4）填写群简介。在群简介中，可以详细说明该群的定位，明确告诉社群成员本群的讨论主题和注意事项。本任务中设置为"感谢您的关注，欢迎您加入烘焙讨论群，相互学习，注意文明发言"。

（5）邀请粉丝入群。用户运营是一个拉新、促活、转化的循环过程，社群是重要的私域流量运营阵地。任务9.1的核心目标是涨粉，本任务的核心目标是将关注账号的粉丝引入群中，以便后续运营。吸引粉丝入群的策略主要分为两大类。

① 主动策略，即由达人自己邀请粉丝入群。在刚创建的群里邀请粉丝入群的操作步骤如图9-14所示。粉丝群创建完成后，可以依次点击"我"→"三横线"按钮→"粉丝群"，点击进入某粉丝群后，点击右上角"三个点"按钮→"邀请朋友"，在"邀请粉丝进群"页面中，可以通过勾选邀请粉丝、朋友入群，如图9-15所示。

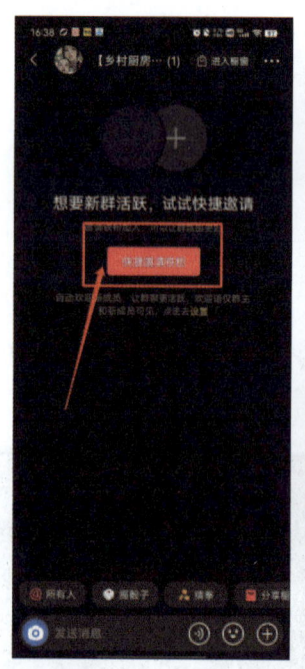

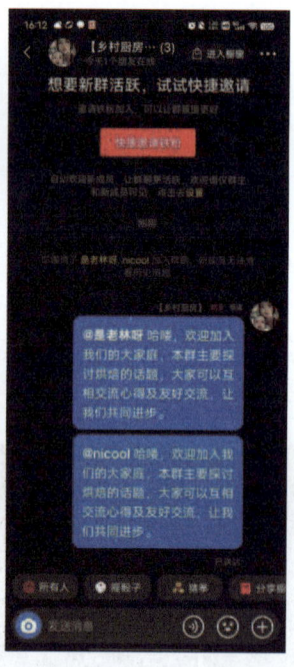

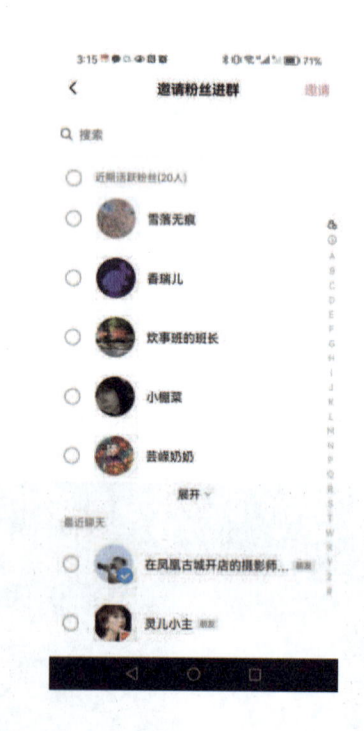

图9-14　在刚创建的群里邀请粉丝入群　　　　图9-15　在已创建的群里邀请粉丝入群

② 被动策略，即用一系列社群运营方法，吸引粉丝主动加群，或由群内粉丝邀请其他人入群（需在群管理中开放此权限）。社群运营方法包括定期发布作品、评论互动、答题互动、组织群活动（特别是鼓励群成员邀请朋友入群的相关活动）、发放粉丝专享福利等，以维持社群的活跃度。同时，要及时处理不适当的言论，保障社群的良好氛围。总之，被动策略的关键是为群内成员提供价值，只有当群成员认为该群确有价值时，才会产生主动邀请朋友入群的意愿。

（6）发布社群公告。社群公告是社群中的重要信息发布渠道，通常用于发布临时或重要的信息，如社群活动、社群规则的变动等。社群公告通常会在社群页面中置顶，易于被群内成员看到，所以是发布重要信息的好方式。具体操作步骤是在社群页面点击右上角"三个点"按钮→"群公告"，便可编辑群公告了，如图9-16所示。

2. 发布内容并互动

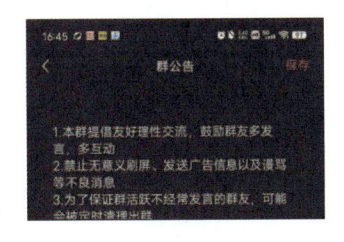

粉丝入群后，便可以深度开展用户运营工作了。社群运营的方式有很多，其中，最基本的方式是分享与本群主题相关的内容，以及在群内与粉丝互动。在社群内发布内容并积极互动不仅能增强社群的活跃度，为用户商业转化奠定基础，还可以激励粉丝裂变，带来新流量。下面以乡村厨房粉丝群为例，给出一些社群运营的方法。

图 9-16　编辑群公告

（1）在社群内定期发布与该群主题相关的内容，包括但不限于美食图片、美食制作步骤或小技巧等。可以按照一定的计划发布内容，如每周三和周五分享一个新的美食制作步骤，如图 9-17 所示。

（2）积极回应群内成员的问题，如图 9-18 所示。

（3）发起话题，如"用柴鸡蛋和普通鸡蛋做蛋糕口味不同吗？"以增强社群的活跃度。

（4）组织群活动，并配置一定的奖励。例如，鼓励社群成员分享他们的美食经验或食谱，获得最多点赞或评论的成员可以获得一些实物奖品或电子优惠券。

（5）授予管理员权限。例如，可以给一些活跃的群成员授予群管理员权限，一个粉丝群最多可以设置 10 个群管理员（不含达人自己）。

（6）优先发放福利。当达人开直播、推销商品时，可以优先在群内发放优惠券、福袋等，让群成员优先获得福利。

社群运营的策略、节奏是个系统工程，需要有计划地推进，更详细的方法将在《自媒体运营（中级）》中介绍。

图 9-17　分享与群主题相关的内容 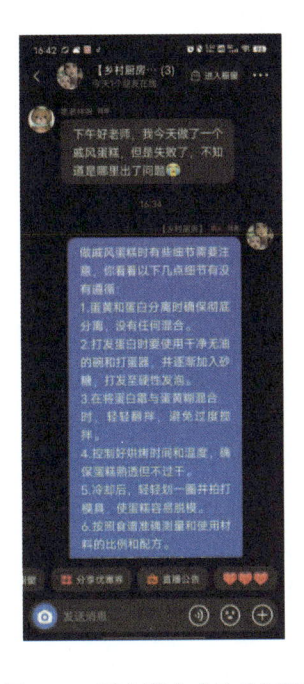　　　　图 9-18　回应群内成员的问题

任务总结

本任务的主要目的是学习在抖音平台上创建和管理社群，吸引粉丝入群，并维持社群活跃度。相关技能包括：粉丝分类、创建社群、设置群信息、促进粉丝入群、在群内发布内容、与群成员互动等。

课堂练习

请大家使用自己的抖音账号，参考本项目任务的实施过程，创建和运营自己的抖音社群，持续一个月。要求每天进入社群，发布与社群主题匹配的内容，尝试与社群成员互动。在学习小组内分享你的经验和成果，同时讨论以下问题。

（1）尽管大家都在执行相同的任务，为什么最后的社群成员数量和活跃度会有差别？

（2）当群内出现不当评论或行为时，应该如何处理？

项 目 总 结

用户运营是创作者追求高效互动和内容传播的关键环节。

通过本项目的讲解和实操，希望大家能深刻理解如何高效地管理社群和与粉丝互动，从而巩固粉丝群体。个人信息完善，筛选和回应粉丝、处理粉丝私信和评论等是建立稳固的粉丝群的关键步骤。

用户运营的核心目的是为用户提供有价值的内容，并与用户建立信任关系，这要求创作者拥有出色的市场洞察力和内容创作能力。

项 目 练 习

1．单项选择题

（1）关于吸引粉丝加入社群的策略，下列描述不当的是（　　）。

　　A．发布有价值的内容　　　　B．组织丰富多彩的社群活动

　　C．发放粉丝专享福利　　　　D．在群内和粉丝闲聊灌水

（2）创建社群的作用是对粉丝进行（　　）管理。

　　A．精准　　　　　　　　　　B．批量

　　C．个性化　　　　　　　　　D．军事化

（3）吸引粉丝入群的策略主要分为两大类：主动策略和被动策略，其中被动策略是指（　　）。

　　A．群内粉丝邀请他人入群

　　B．点击"邀请朋友"邀请朋友入群

C. 在朋友圈发送群号码，邀请朋友入群

D. 点击"分享群聊"按钮，粘贴口令给微信好友

（4）吸引粉丝入群的策略主要分为两大类：主动策略和被动策略。其中主动策略是指（　　）。

  A. 粉丝邀请他人入群   B. 吸引粉丝入群

  C. 达人邀请入群   D. 搜索入群

2．不定项选择题

（1）如果想要让抖音平台推送更多的用户，可以进行以下哪些操作？（　　）

  A. 开启"向我推荐可能认识的人"功能

  B. 开启"找到我的方式"功能

  C. 及时主动关注系统推荐的用户

  D. 满格创建粉丝群

（2）刚开始运营账号时，想尽快积累粉丝，可以通过以下哪些操作让平台推送更多用户？（　　）

  A. 回关粉丝   B. 开启其他用户"找到我的方式"功能

  C. 取关黑粉   D. 主动关注系统推送的用户

3．判断题

（1）回关粉丝有利于扩大内容的传播范围，吸引更多潜在用户。　　　　　　（　　）

（2）达人橱窗带货是指粉丝或抖音用户通过达人的商品橱窗，或者通过视频挂载的商品链接成功交易后，获得商品分销佣金。　　　　　　　　　　　　　　　　　　（　　）

项目十

服务变现

学习目标

- 了解各种变现模式和分类。
- 理解变现任务的具体要求,选择合适任务,按要求执行任务。
- 能查看进行中任务,了解任务进度。
- 能查看收入,并进行提现操作。

任务 10.1　全面了解抖音平台变现模式

任务描述

抖音新手达人大喜（抖音账号为 @厦门探店大喜）入驻抖音平台后，想知道如何在抖音平台实现商业变现，已知大喜账号的粉丝有 3000 多人。请帮助大喜了解抖音的各类变现渠道，并开通电商带货权限，找到各种服务变现的参与入口。

任务实施

随着短视频的日益兴起，短视频创业也逐渐成为时下热门风口，如今，短视频不只具有简单的娱乐功能，还兼具社交、电商、营销等多元化属性。越来越多的商家投入到短视频中，短视频平台的变现模式也日趋多样化，为短视频创作者提供了更多的变现渠道。通过本任务的学习，我们将全面了解抖音平台较为常见的变现模式及各种变现任务的开通条件。结合达人账号自身条件开通电商带货权限，以及参与到服务变现中以实现盈利。本任务可以分解为以下步骤：抖音平台的变现模式介绍、开通橱窗带货、开通视频带货、开通直播带货、参与服务变现。

1. 抖音平台的变现模式

目前，抖音平台的变现模式大致可划分为两大类，一类是电商变现模式，包括视频/图文带货、直播带货、橱窗带货等；另一类是服务变现模式，如抖音变现任务（直播变现、团购带货、星图任务、全民任务、游戏发行人计划、小程序推广计划、音乐宣推任务等）、中视频计划、站外播放激励计划等，如表 10-1 所示。

表 10-1　抖音平台的变现模式及任务

序号	变现模式及任务		任务简介	开通条件
1	电商变现模式	橱窗带货	开通电商带货权限后，账号便有橱窗带货功能，用户在商品橱窗下单购物后，达人便可获取佣金	不限
2		直播带货	主播在直播间销售商品，通过用户购买获取佣金	已开通商品橱窗；粉丝数 ≥ 1000
3		视频/图文带货	创作者在抖音平台发布挂有商品链接的视频或图文作品，用户通过商品链接进行购物后，创作者可获得相应佣金	已开通商品橱窗；粉丝数 ≥ 500 注意：支付订单大于 100 单后，需缴纳保证金，才可继续经营

续表

序号	变现模式及任务		任务简介	开通条件
4	服务变现模式	直播变现	娱乐性质，以主播生产内容为核心，社交关系搭建为目标，主播和粉丝互动为支柱，靠粉丝打赏获取收益。直播内容包括才艺展示、聊天互动、PK连麦、会员订阅等。其中，游戏直播市场广阔，新兴的形式不断出现，如陪玩直播	不限
5		中视频计划	中视频计划是西瓜、头条、抖音三个平台联合推出的创作者激励计划，创作者可通过视频播放量获得收益奖励	发布三条横屏16∶9的原创视频；视频时长≥1min；三个平台累计播放量达到17000
6		小程序推广计划	创作者承接广告主发布的小程序推广任务获取广告佣金	不限
7		团购带货	创作者承接线下实体店发布的任务商单，拍摄制作并发布团购视频，通过用户购买团购商品获取佣金	粉丝数≥1000
8		全民任务	平台发起的全民均可参与的变现任务，创作者通过完成任务单，获得任务规定的收益	不限
9		星图任务	基于创作者营销生态服务平台，创作者承接广告主委托任务，获得任务规定的佣金	入驻无要求，但不同任务对粉丝数有相应要求，基本都需要粉丝数≥1000
10		游戏发行人计划	创作者承接小游戏推广任务获得任务规定的佣金	不限
11		视频赞赏	开启赞赏功能的视频创作者，其作品有机会获得用户赞赏收益，类似直播打赏	针对粉丝数≥10000的部分个人创作者开放内测
12		音乐宣推任务	达人可自主选择商单（即自己喜爱的音乐），按要求完成投稿任务，助力音乐推广，即可获得任务佣金	粉丝数≥1万；账号类型属于颜值、翻唱、混剪、舞蹈其中一类
13		达人Pick计划	达人为游戏、泛游戏类产品提供内容营销服务，根据官方发布的任务创作短视频或直播，根据营销效果获取收益	需要的是优质达人，粉丝量符合任务要求才可参与，如果是普通的用户可能无法过审
14		站外播放激励计划	为创作者提供站外展示作品的机会，帮助创作者增加变现渠道，获得更多收入	粉丝数≥1000的个人账号将收到站内信邀请，若账号状态存在异常（如封禁、非原创等）将无法收到邀请
15		付费视频	定向合作的创作者可开通短视频付费功能，收取用户观看短视频支付的费用	平台定向邀约
16		专属会员	创作者粉丝专属的包月服务。成为会员可享受创作者提供的高阶权益及平台提供的基础权益	粉丝数≥1000，未开通商家会员
17		抖音生态服务	代播、IP孵化、网红培训等基于抖音平台的衍生服务	优质账号

2．开通橱窗带货

（1）开通商品分享权限。登录抖音App，依次点击"我"→右上角"三横杠"按钮→"抖音创作者中心"→"全部"→"电商带货"，点击"立即加入抖音电商"按钮，选择"个人"，点击"填写带货资质"→"立即验证"，验证通过后开通收款账号，审核通过后账号就开通了商品橱窗，拥有了商品分享权限，其中关键步骤如图10-1所示。视频/图文带货、直播带货开通流程与此流程一致。

（2）在商品橱窗添加商品。在"橱窗"页面点击"选品广场"进行一次筛选，选中商品

项目十 / 服务变现

后点击"加选品车";再在"选品车"页面中进行二次筛选,勾选单个商品后点击该商品"去带货",或勾选多个商品后点击"批量带货",选择"上架橱窗"。或进入商品详情页后,点击"加橱窗"。其中关键步骤如图 10-2 所示。

图 10-1 开通商品分享权限

图 10-2 在商品橱窗添加商品

(3)橱窗管理。在"电商带货"页面可查看 4 种带货形式:橱窗、图文、视频和直播。抖音电商带货功能区经过 4 年的快速迭代,已经发展成包含经营、选品、创作、营销、体验、成长、数据、财账、账号管理、工具等在内的多功能应用中心。其中,"橱窗"是电商

187

带货的4种路径之一，主要功能有商品管理、清单管理、橱窗引流和经营指南。在"商品管理"里可进行商品分享、置顶或删除等操作。在"清单管理"里可设置"主题清单"，对不同属性商品进行归类，方便用户查找商品。在"装修"里可以对橱窗页面呈现效果进行管理。随着AI的深度应用，抖音支持橱窗经营托管，由抖音根据算法智能管理并经营橱窗，如自动上架优质商品并定期上新等。关键步骤如图10-3所示。

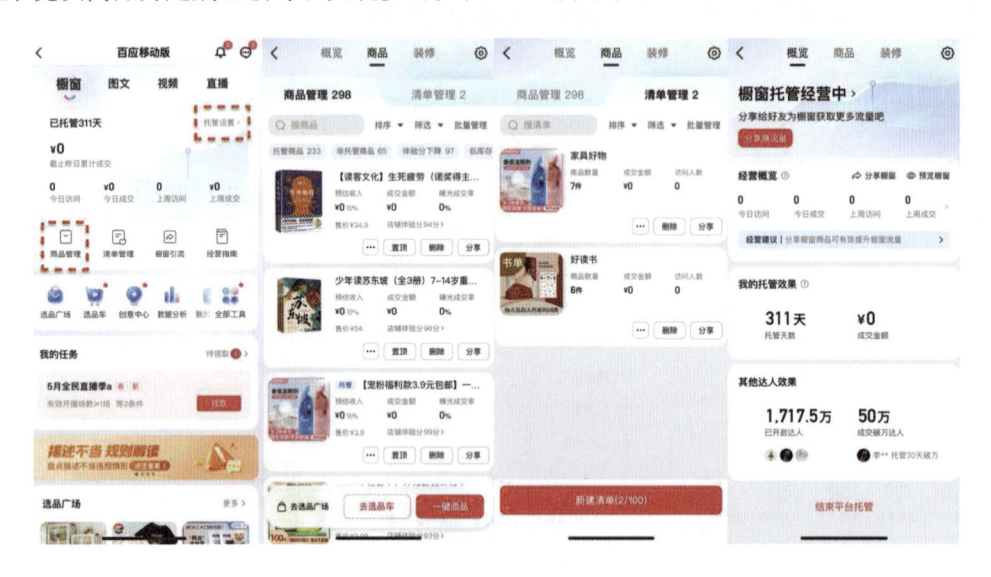

图 10-3 橱窗管理

（4）获取佣金。粉丝或普通抖音用户通过达人的商品橱窗（见图10-4），或评论区挂载的橱窗链接（见图10-5）成功下单后，达人即可获得商品分销佣金。

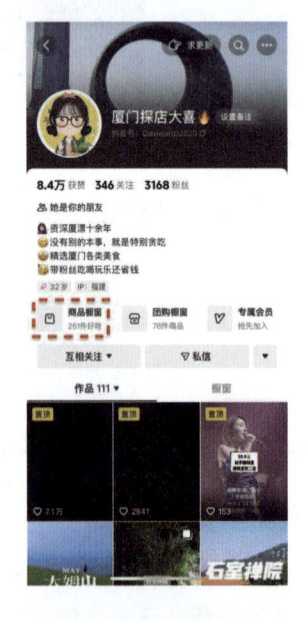

图 10-4 商品橱窗入口

图 10-5 评论区挂载的橱窗链接

项目十／服 务 变 现

（5）佣金提现。点击"我的佣金"→"提现"，绑定提现账号，即可进行提现。关键步骤如图 10-6 所示。

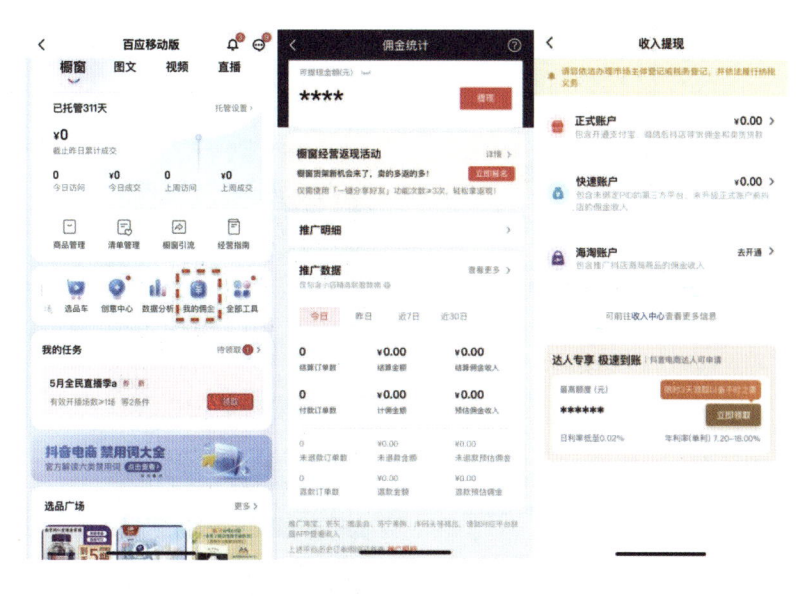

图 10-6　佣金提现

3. 开通视频带货

（1）选品及买样。在商品列表页面中选择商品，点击进入商品详情页，查看商品佣金等相关信息，采购前应仔细阅读样品"规则说明"里的各项条约，以避免财务损失。如图 10-7 所示。

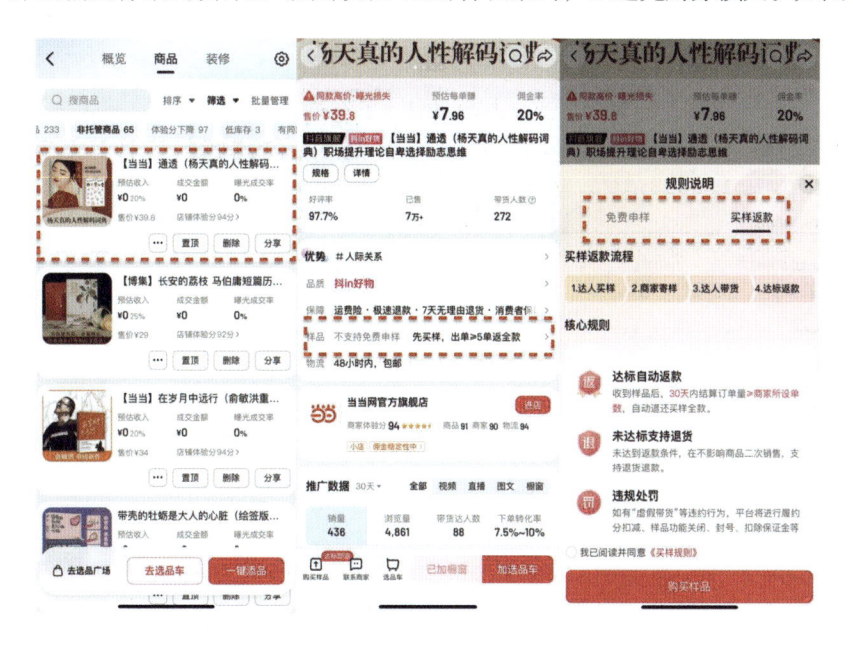

图 10-7　选品及买样

189

（2）视频创作。在商品页面点击"详情"，查看商品更多详细信息及其他达人视频，再根据产品卖点和商家要求，结合账号自身条件，设计并完成带货视频创作，如图10-8所示。

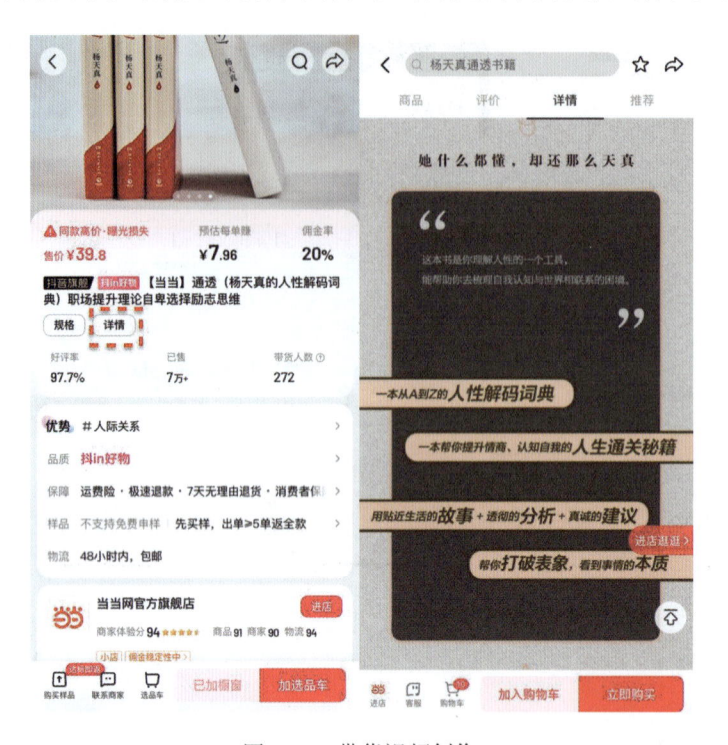

图10-8　带货视频创作

（3）发布带货视频。在视频发布页面点击"添加标签"→"商品"，添加对应商品，在"编辑推广信息"页面编辑推广标题和视频文案后发布视频，如图10-9所示。

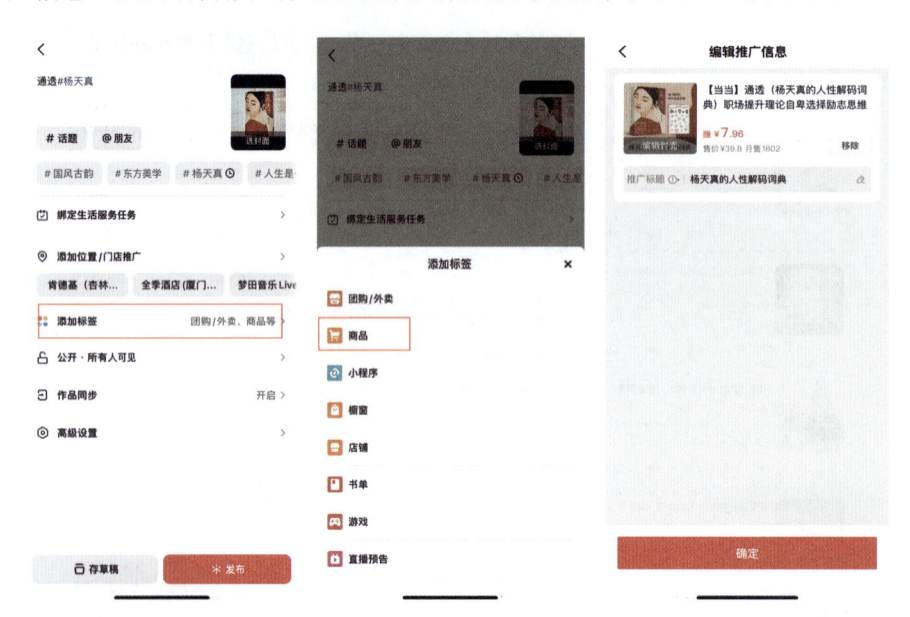

图10-9　发布带货视频

（4）粉丝通过视频左下角的带货链接下单购买后，达人便可获得商品佣金，如图 10-10 所示。

图 10-10　视频带货链接

4．开通直播带货

（1）创建带货直播。登录抖音 App，依次点击底部"+"按钮→"开直播"，设置直播间封面、直播标题、直播内容，点击"商品"→"管理商品"，在"直播商品"列表中去掉本次直播不需要的商品后点击"开始视频直播"。

（2）在直播中讲解商品。点击"购物车"，点击某商品的"讲解"，即可开始对应商品的讲解。点击右下角的"…"，可设置更多直播功能，如图 10-11 所示。注意，新手在进行直播带货时，需先完成电商作者护航计划里的"必修学习任务"，才能分享推广商品，如图 10-12 所示。

图 10-11　开通直播带货及更多直播功能

图 10-12　电商作者护航计划

5．参与服务变现

抖音服务变现任务可在"抖音创作者中心"的"我的服务"页面中找到入口，如全民任务、变现任务、星图商单、中视频计划、团购带货、站外激励、主播中心、专属会员、视频赞赏等，如图 10-13 所示。

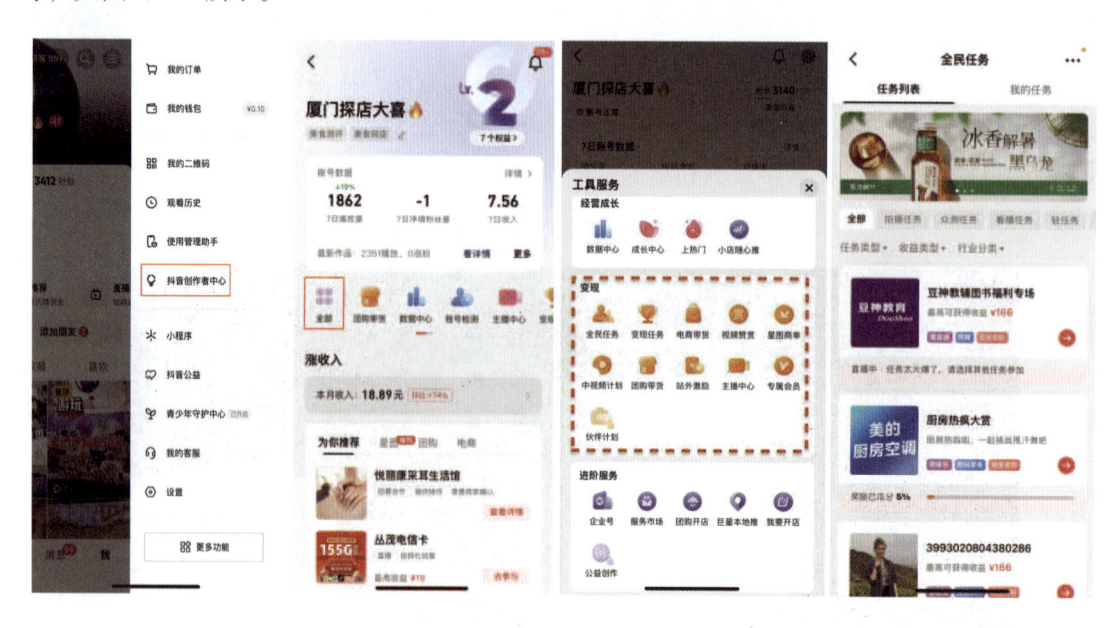

图 10-13　参与服务变现

在"我的服务"页面中找不到的变现任务，可直接在抖音平台上检索，获得任务入口，如图 10-14 所示。

图 10-14　在抖音平台搜索变现任务

任务总结

抖音变现模式多样，对于想要靠抖音平台变现的新手主播，第一步不是先想给自己起什么名字、打造什么 IP、文案怎么写、视频怎么拍，而是应先想好变现路径，再去确定账号定位。能提供什么样的内容价值就做什么样的账号，钱只是价值的一种衡量工具，内容价值并不能简单地用钱来度量，内容传播带来的品牌价值以及影响等更为深远的榜样价值是难以用钱来衡量的。

课堂练习

请大家根据自身账号特点，选择一种变现模式，完成以下任务。

（1）查询这种变现模式的参与条件，看看自己的账号是否满足条件。

（2）如果不满足条件，下一步应该如何行动？如果已经满足条件，请开通这种变现模式。

（3）查询选定变现模式的前景，例如，通过你的努力，这种变现模式大约能达到一个什么样的收入水平（即每月能赚到多少钱）。在学习小组内分享你获取的这些信息，通过交流与比较，挑选出自己最易实现的变现模式。

任务 10.2　探店任务选择与执行

📋 任务描述

抖音新手达人大喜已完成账号实名认证，目前粉丝数有 3000 多，根据账号定位，大喜想要开通团购带货。请帮助大喜完成任务权限开通，选择合适任务落地执行，按要求完成任务拍摄并发布作品，查看任务进度，掌握任务的取消操作。

⏱ 任务实施

本任务的主要目的是了解团购任务的操作流程，并结合账号定位和实际条件选择合适任务，了解任务具体要求，按要求完成任务拍摄并发布作品，查看任务进度，掌握任务的取消操作。本任务可分解为以下步骤：查询任务、开通任务、选择任务、执行任务、任务管理。

1. 查询任务

在移动端的操作流程为：登录抖音 App，依次点击"我"→右上角"三横杠"按钮→"抖音创作者中心"→"全部"，在"我的服务"下的"收入变现"模块中可以看到抖音平台的变现方式，如图 10-15 所示。本任务需要开通的是"团购带货"任务。

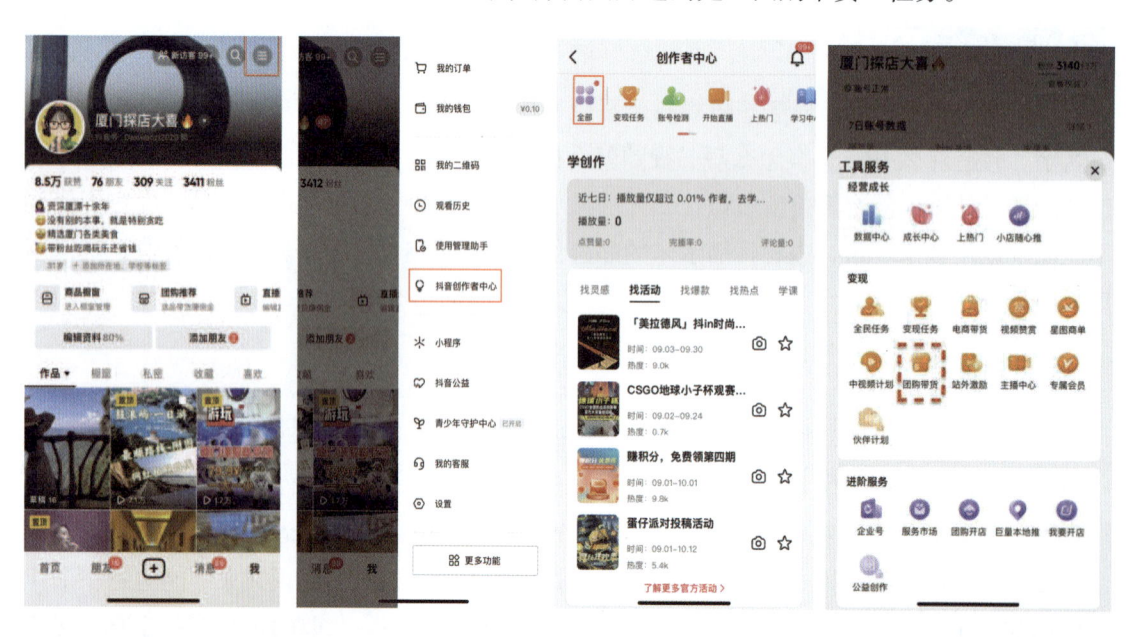

图 10-15　在移动端查询任务

2. 开通任务

根据表 10-1 可知，要参与"团购带货"任务，需要满足的条件是粉丝数 ≥ 1000，而大喜的粉丝数已过千，且账号已经实名认证，故账号符合任务开通条件。点击"团购带货"，勾选"已阅读并同意相关协议"，点击"申请团购带货"，即可获取参与权限，如图 10-16 所示。

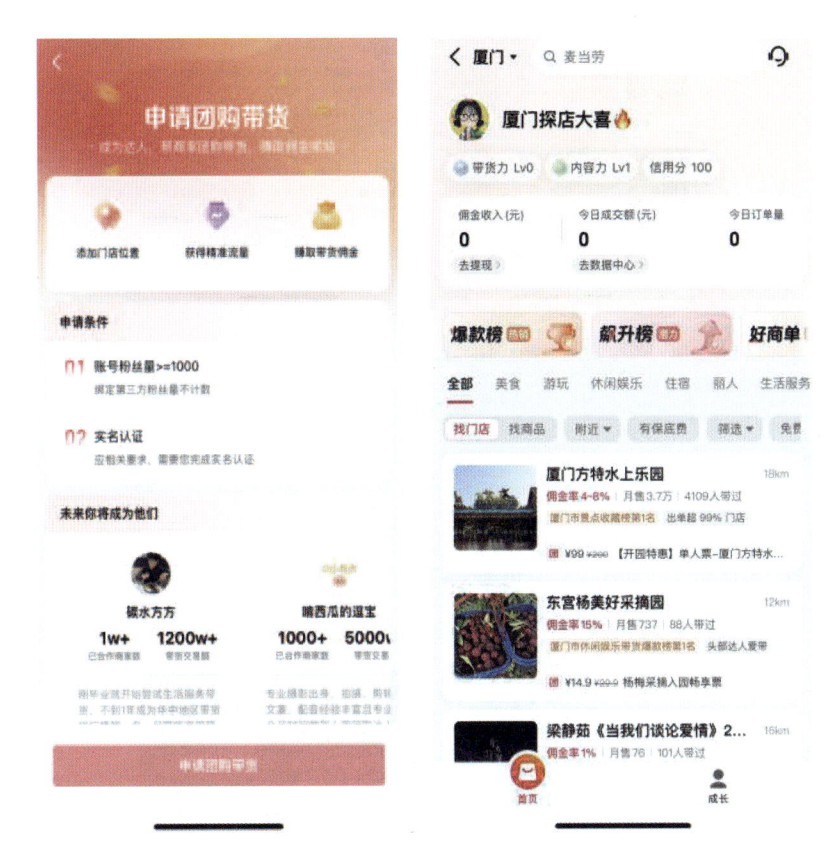

图 10-16　开通"团购带货"任务

3. 选择任务

在"团购带货"首页可查看众多本地团购的商家门店或商品，可以通过综合对比佣金、地理位置、商家品类等选择心仪的商家。大喜选择了"泉州欧乐堡海洋王国乐园"为本次探店任务，如图 10-17 所示。

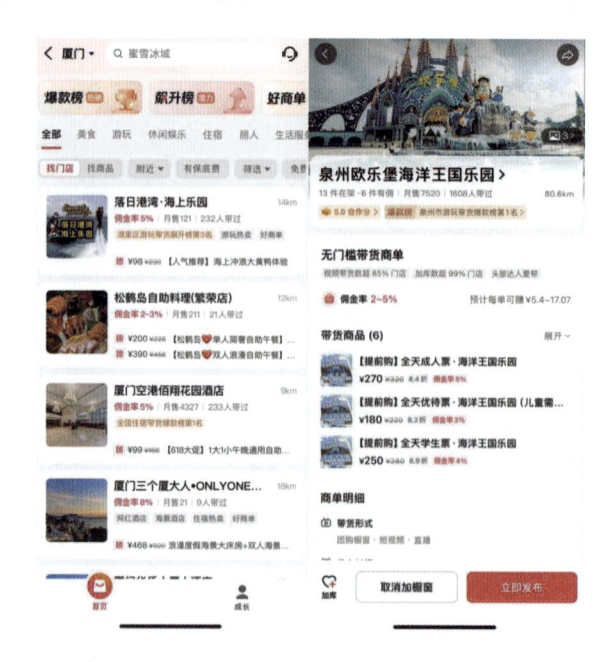

图 10-17　选择任务

4. 执行任务

（1）选择主推商品。仔细阅读商单要求可知，"泉州欧乐堡海洋王国乐园"共推出了 6 款团购套餐（带货商品），其中，"【童梦环游记】预售家庭票"优惠力度最大，大喜选择它作为本次探店主推商品，如图 10-18 所示。

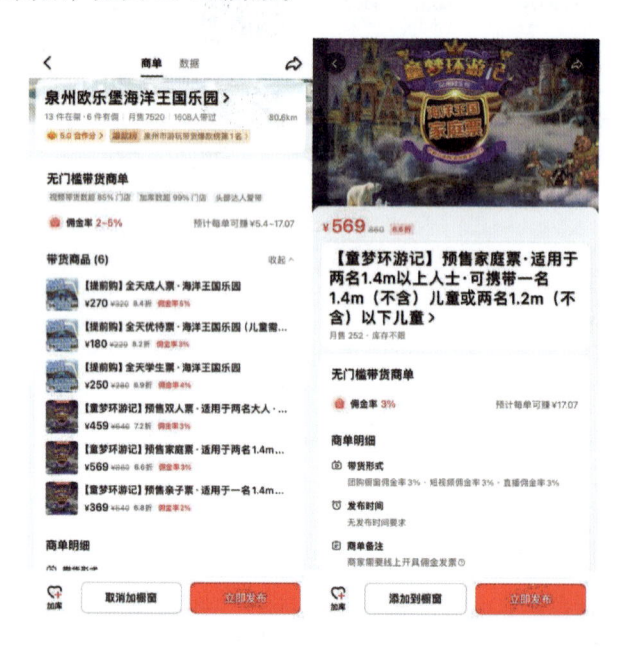

图 10-18　选择团购带货的主推商品

项目十 / 服务变现

（2）了解商单详细情况。查询商单明细可知，商家提供3种带货形式，分别为团购橱窗、短视频和直播，根据账号风格，大喜选择视频带货的形式。引外，商家不提供免费接待、无需报名、无需商家反选、无需审稿、无发布时间要求，需要达人自行购票探店体验，如图10-19所示。商家没有提出带货作品形式的要求，下面先用短视频带货，然后用图文带货。当然，还有其他带货形式，本任务不再介绍。

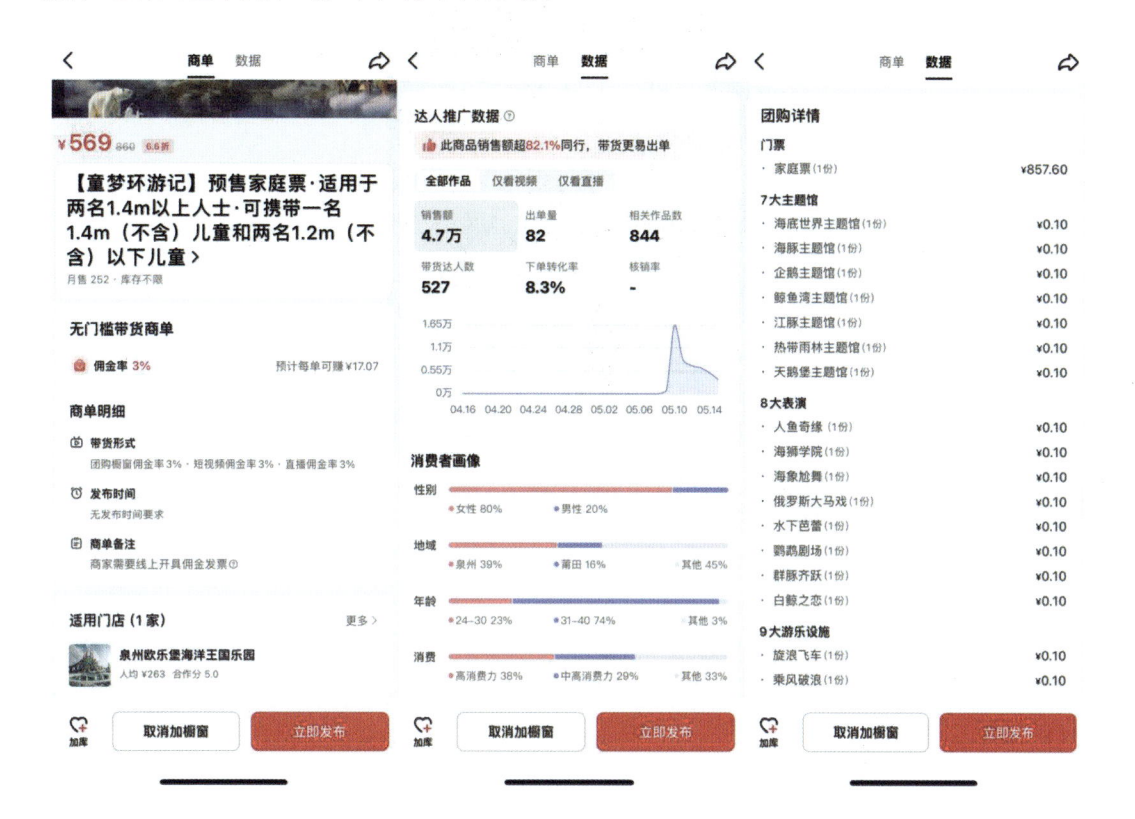

图 10-19　查询商单明细

（3）创作短视频。

视频带货首先要创作短视频，一般从写脚本开始。达人在执行探店任务前，先在网上查询了泉州欧乐堡海洋王国乐园的相关资料，再结合商单详情撰写了台词脚本。然后，达人前往泉州欧乐堡海洋王国乐园拍摄，创作出一条短视频，如图10-20所示。大部分达人探店时都是第一次到店，拍摄画面随机性较大，所以可以不写分镜头脚本。当然，也可提前去踩点再撰写分镜头脚本，之后按计划拍摄。有时，商单并不强求实探，则可用无版权争议的素材或商家提供的素材，进行二次剪辑制作视频，这样既可大幅提升效率，也可节省成本。

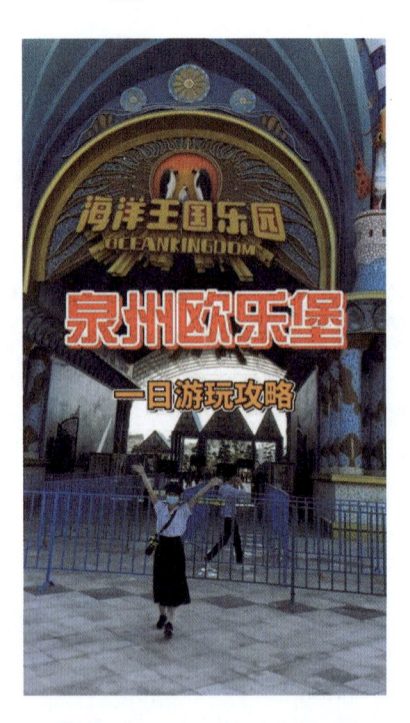

图 10-20　视频成片截图示例（视频来源 @ 厦门走透透）

达人探店视频台词脚本如下。

泉州欧乐堡海洋王国乐园保姆级攻略来啦！必打卡的表演场馆不容错过，第一站进门先冲海底世界，入门就是 10 米长巨型鱼缸，视觉效果超震撼！穿过 300 米长的海底隧道，看美人鱼表演，满足儿时的童话情怀；

第二站鲸鱼湾，看人鲸共舞。还可近距离跟鲸鱼互动；

第三站海豚馆，这里的海豚海狮真的好聪明，会吹萨克斯的海狮、会跳舞的海豚，真的要来看；

第四站惊险刺激的俄罗斯大马戏，各类杂耍表演看了还想看，还有超多游乐园设施，一票通玩。

现特推 569 元家庭票，可由 2 名成人携带 1 位 1.4 米以下儿童或 2 名 1.2 米以下儿童入园游玩，这个暑假就带家中宝贝来一次梦幻的海洋之旅吧。

（4）发布短视频作品。在抖音平台点击"+"按钮，点击"视频"→"相册"，选择刚刚创作的短视频，点击"下一步"，进入作品发布编辑页面，填写视频描述、关联相关话题、设置封面，点击"添加位置/门店推广"，"泉州欧乐堡海洋王国乐园"门店地址定位。在添加地址时，要检查该地址是否带有团购分佣链接（地址上有说明），确保团购链接无误。发布完成后，只要有粉丝通过该视频团购链接下单并核销后，即可获得相应佣金。另一种视频关联团购链接的方法是"添加标签"，请读者自行探索。发布短视频形式的团购带货作品的关键步骤如图 10-21 所示。

项目十 / 服务变现

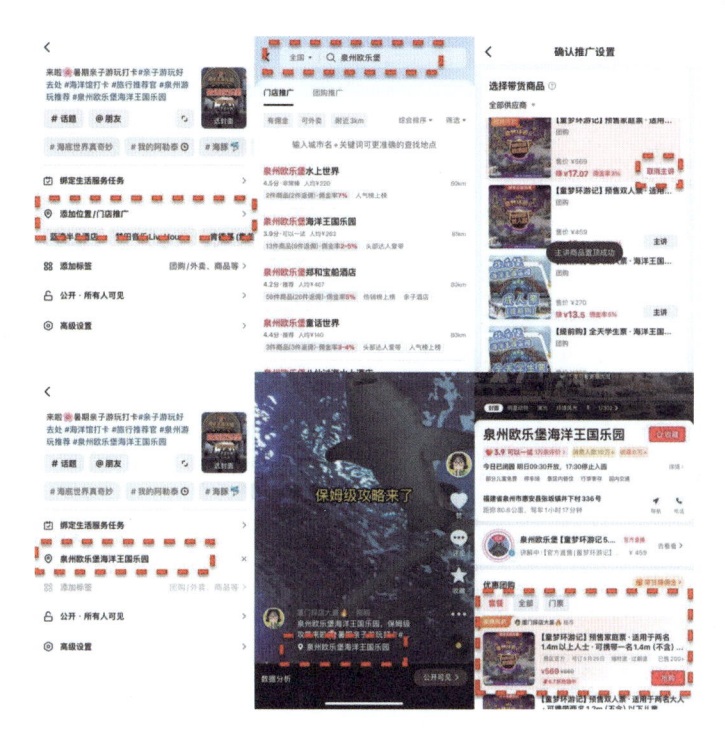

图 10-21　发布短视频形式的团购带货作品

（5）发布图文形式的团购带货作品。实践证明，发布海报执行团购带货任务的效果也不错，具体步骤与发布短视频作品基本一致，如图 10-22 所示。

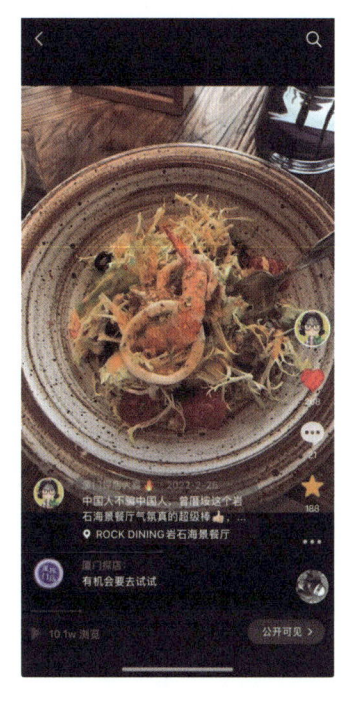

图 10-22　发布图文形式的团购带货作品

199

探店任务的商单还有两种来源，一种是商家招募，另一种是本地生活服务商或团购机构招募。其中，商家招募又可细分为两种：一种是商家主动向达人发布商单，达人接单后，与商家确定探店事项，按要求完成探店任务即可；另一种是达人在选品广场里主动向招募的商家报名，需商家审核反选后达成商单合作。通过商家招募达成的探店任务，商家一般会支付一定的车马费或免费提供团购体验项目，如图 10-23 所示。本地生活服务商或团购机构一般对达人有一定要求，只有优秀的达人才会受到关注。只要达人持之以恒地经营账号，随着账号等级的不断提升，一定陆续会有本地生活服务商或团购机构邀约合作。

图 10-23　商家招募形式的探店任务

5. 任务管理

（1）查询商单任务进度。登录抖音 App，依次点击"我"→右上角"三横杠"按钮→"抖音创作者中心"→"全部"→"团购带货"→"成长"→"商单管理"，在"商单管理"页面中的"待确认""进行中""已完成""已取消""待评价"选项卡中可以查看各个商单任务进度详情，如图 10-24 所示。

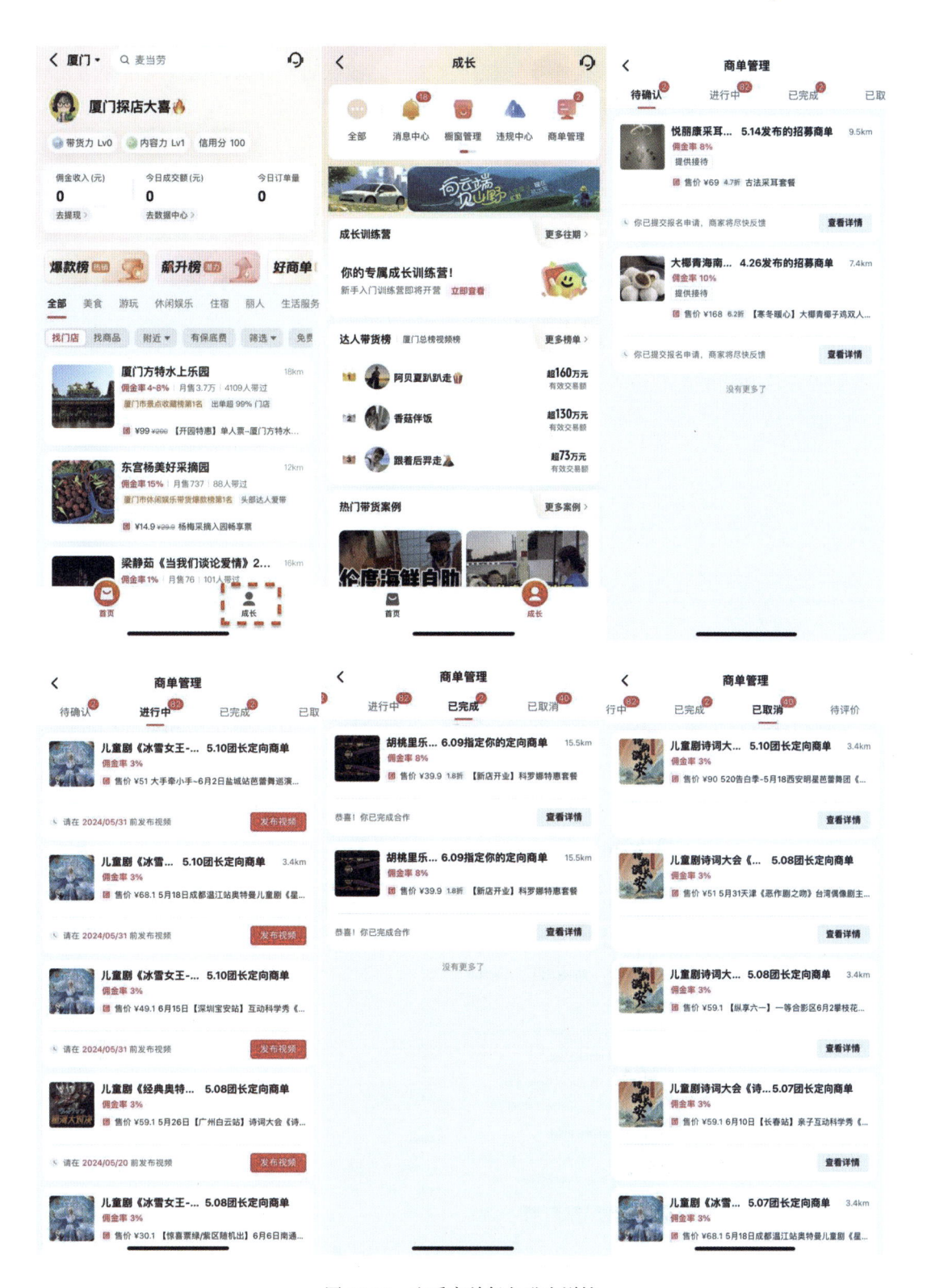

图 10-24　查看商单任务进度详情

当商家确认达人可探店后，在"进行中"选项卡中查看商单，联系商家确定探店时间，并提前与商家了解体验项目，以便于撰写探店文案，完成探店任务后，便可发布探店视频，如图 10-25 所示。

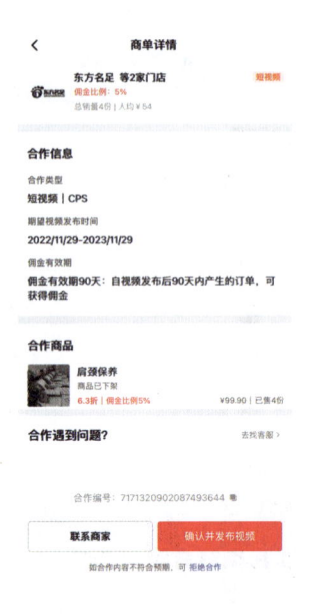

图 10-25　与商家确认探店时间

（2）查询任务收益。在"团购带货"首页可直接查看佣金收入（整体团购总收益）、今日成交额和今日订单量。点击"去数据中心"，可查看今日、昨日、近 7 日和近 30 日的团购订单数据及出单明细，如图 10-26 所示。

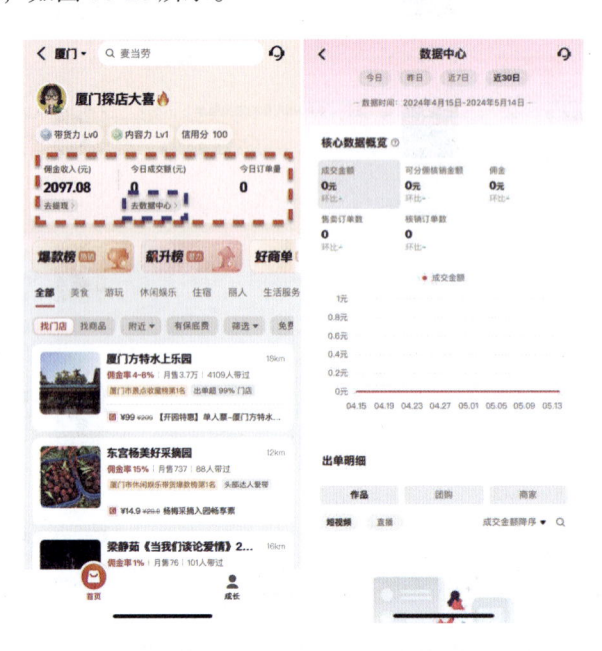

图 10-26　查询任务收益

项目十 / 服务变现

（3）查询作品出单情况。点击"去提现"，进入"佣金收入"页面，在此可查看团购获得的所有收益，还可查看团购作品的出单详情；点击"全部作品"，可查看往期视频的出单详情，点击作品链接，即可查看该作品的收益明细，如图10-27所示。

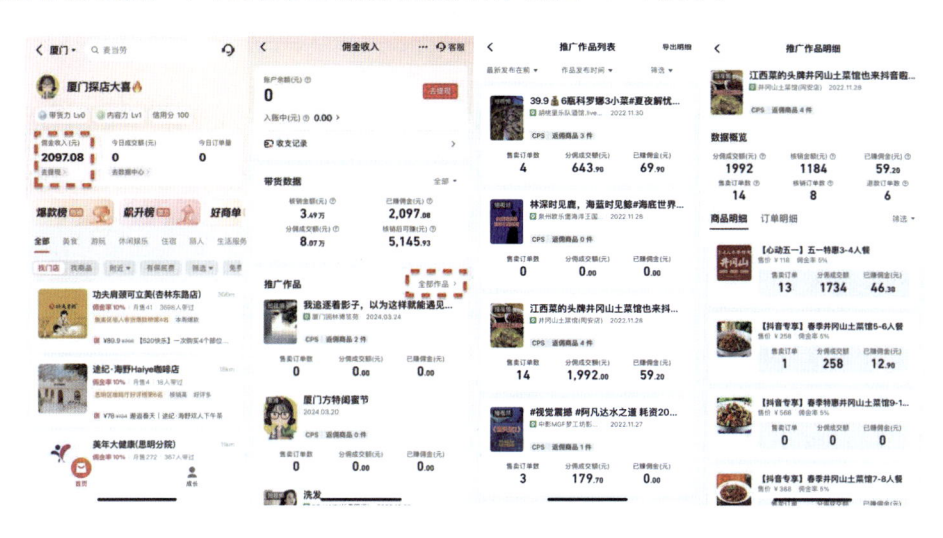

图 10-27 查询作品出单情况

（4）取消任务。当商单处于"待确认"状态时，可点击该商单的"查看详情"，点击"撤回报名"，即可取消该任务。另外承接任务后，若超时未发布，系统会自动取消该任务。但若是已经完成素材拍摄，则仍需完成作品发布，否则容易被商家拉入失信黑名单。任务取消流程如图10-28所示。

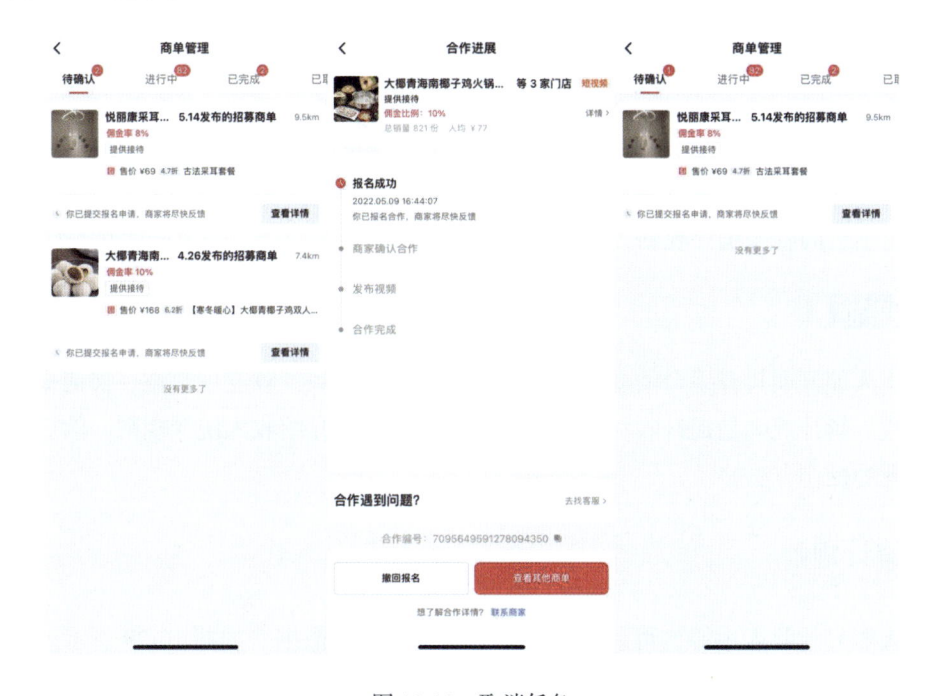

图 10-28 取消任务

任务总结

在抖音平台进行团购带货的操作比较简单，主要是以短视频的形式，宣传商家及其商品，在视频下方或评论区挂载商家的团购券，吸引客户下单。客户到店消费后，达人就可以获得一定的分佣。

对于新手账号而言，商家一般不会提供免费的团购项目体验，前期需要达人自费完成探店拍摄，当达人账号等级达到三级以上后，就有更多获得商家免费探店体验的机会，等级越高，商家支持的车马费会越高，达人也能获得更高的收益。

课堂练习

请大家开通账号的探店权限，完成以下任务。
（1）查询本地探店任务，选择一个任务，说明选择原因。
（2）采用视频方式执行探店任务，写出探店前与商家沟通的情况。
（3）创作并发布探店视频。
（4）查询探店任务收益，并与学习小组成员一起讨论增加收益的改进方案。

若账号的粉丝量达不到开通条件，可只完成一个团购视频拍摄，并思考如何提升账号粉丝量，以实现任务开通。

任务 10.3 资 金 管 理

任务描述

抖音达人大喜已完成数个探店任务，成功出单并已核销，获得了相应团购佣金。请帮助他了解抖音平台的收入统计规则，访问收入中心，查询收益明细，完成一次收入提现。

任务实施

很多达人能开通抖音平台的变现任务，但对如何查询和计算变现收益、如何提现并不了解。了解收入统计规则是提升收益的基础，故本任务首先介绍收入统计规则，然后介绍查询收入、提现的操作方法。

1. 收入统计规则

在达人账号的收入中心，可以看到各种与收入相关的数据，如图 10-29 所示。这里的收入是指开通抖音变现功能，并参与相应变现活动，已划拨到达人钱包的资金。

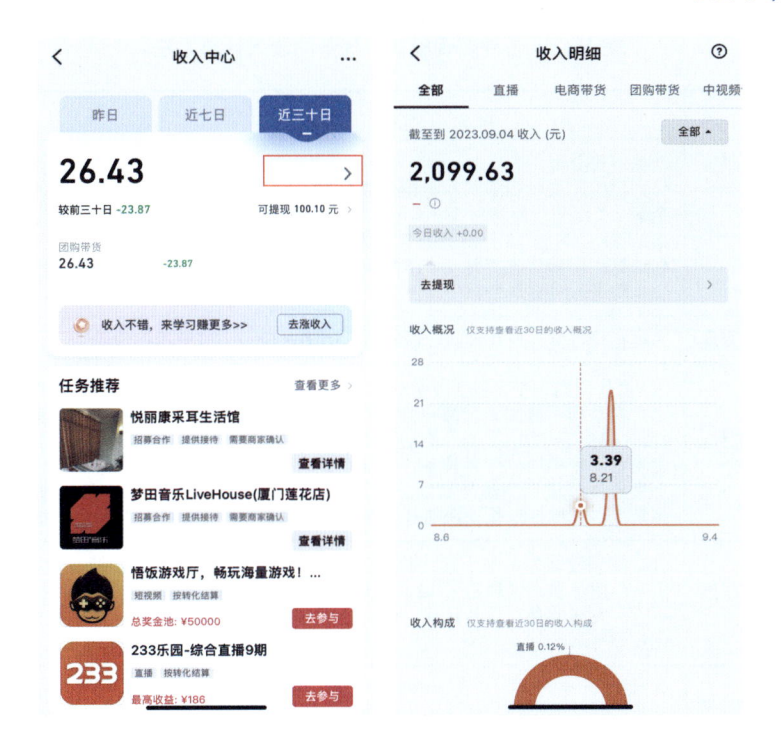

图 10-29　收入中心与收入明细

各项收入明细由各业务平台计算数据，同步到达人钱包中，因同步有时间差，故在收入中心查询到的各项收入数据与业务平台展示的收入数据可能存在差异。如果出现收入数据不一致的情况，应以各业务平台披露的最新收入数据为准。

昨日收入：每天上午开始更新前一日的收入数据。根据业务实际更新情况，可能存在部分延迟。

近七日、近三十日收入：统计周期内（截至前一日）的收入总和。根据业务实际更新情况，可能存在部分延迟。

全部收入：统计周期内（截至前一日）的历史收入总和。根据业务实际更新情况，可能存在部分延迟。

今日收入：当天更新的收入数据总和，除了直播、星图广告商单、中视频计划、电商带货，其余业务无今日收入指标。根据业务实际更新情况，可能存在部分延迟。

收入中心的各项收入明细均默认开通，用户可在"收入中心"的设置页面中通过开关控制各项收入明细是否开通。如果关闭某项收入明细，则收入中心不再同步该项收入数据，该项收入不再计入收入总和中。

因为达人收入存在多方分佣，所以收入统计过程存在同步延迟，部分收入（如带货分佣）还可能存在退货损失，导致达人的收入数据常常让人看不懂。而看不懂收入数据会对改进工作不利，故达人需要了解各种变现模式及任务的收入计算方法（含结算周期等），如表 10-2 所示。

表 10-2　各种变现模式及任务的收入计算方法

序号	变现模式及任务		收入明细
1	商品变现模式	橱窗带货	产品销售分佣
2		直播带货	（1）已扣除平台服务费和机构分成数据，为真实可入账的收入，结算佣金 = 结算金额 × 佣金率 ×（1- 平台服务费率）× 创作者分成比例，单笔订单在用户或系统确认收货 15 日后发起结算；（2）若 15 日内商家未完成结算，则等待商家结算完成后，该笔订单会对创作者发起结算，即确认收货时间 +15 日为大部分订单的结算时间，结算完成则订单对应的结算佣金自动进入可提现余额中
3		视频/图文带货	
4	服务变现模式	直播变现	通过礼物打赏、付费连线、游戏推广等多种分成方式获得的收益
5		中视频计划	（1）创作收益，平台基于 1 分钟以上横屏原创视频产生的收益，根据播放时长、受众群体、忠实粉丝观看等因素计算得到的收益；（2）独家收益，中视频计划视频独家后产生的翻倍收益；（3）签约收入，与平台签约后获得的额外收入；（4）宝藏视频激励，平台针对站内"搜索观看"较多的、同时具备"有深度、垂直、对观众有学习和使用价值"特点的 1 分钟以上横屏视频进行的额外激励，平台会综合计算激励金额；（5）获利播放，排除异常渠道、频繁点击、播放时长过短的播放量，与视频数据中展示的播放量之间会有差距
6		小程序推广计划	（1）视频收益为参与小程序推广计划任务的预计收益，实际到账收益需要扣除 10% 的星图平台服务费（含税费）；（2）视频收益将在结算周期结束后支持提现；（3）视频通过审核后方可发布并参与收益计算，收益金额与任务的结算方式相关，受视频质量、播放量、转化效果等影响
7		团购带货	"抖音生活服务 - 达人团购带货功能"中累计获得的按成交量返佣奖励，包含到账中和手动结算部分
8		全民任务	（1）现金奖励任务每天计算收益，最终收益以到账金额为准；（2）现金奖励任务未结束前，每日发放的收益处于冻结状态，待任务结束后次日支持提现；（3）视频过审后，方可参与现金奖励瓜分，奖励收益与视频质量、播放量、获赞量等数据有关，如果视频内容综合表现不理想，可能会出现收益为 0 的情况
9		星图任务	通过星图平台完成短视频服务、直播服务、图文服务等方式获得的星图任务收益，不等于星图平台任务总金额
10		游戏发行人计划	（1）包含通过星图平台和游戏发行人小程序获得的任务收益；（2）视频收益为参与游戏发行人计划任务的实际收益，已扣除税费；（3）视频收益将在结算周期结束后支持提现；（4）视频通过审核后方可发布并参与收益计算，收益金额与任务的结算方式相关，受视频质量、播放量、转化效果等影响
11		视频赞赏	在抖音视频内容符合接受赞赏的条件下，观众通过钻石进行赞赏获得的收益
12		音乐宣推任务	（1）视频收益为参与音乐宣推任务的实际收益，未扣除税费；（2）若为 MCN 旗下达人，音乐宣推任务收益将汇入所属 MCN 账户中，由 MCN 账户统一对公结算，若为个人，音乐宣推任务收益将直接打款至星图钱包，提现规则遵循星图钱包规则
13		达人 Pick 计划	（1）视频收益为参与达人 Pick 计划任务最终实际到账收益；（2）视频收益会直接打款至抖音钱包，提现规则遵循抖音钱包规则；（3）实际收益和投稿视频在任务周期内的视频效果数据有关，视频效果数据以达人 Pick 计划统计为准
14		站外播放激励计划	根据创作者视频内容质量、站外第三方合作平台用户喜爱程度、视频播放量等因素综合计算分成收益
15		付费视频	付费视频收入 = 用户付费金额 - 平台分成金额
16		专属会员	会员付费

直播每日结算功能会根据场次实时结算抖音主播收入，开播后即可提现，即使第一天开

项目十 / 服 务 变 现

直播也能提现，每日可提现次数为 5 次。发起提现后，正常情况下 1 ~ 3 个工作日到账。目前抖音平台上的直播收入、创作收入、红包收入均可提现到抖音零钱、支付宝、银行卡账户。注意，提现至抖音零钱中的金额，后续只能提现到银行卡账号。

目前，抖音平台的提现规则如图 10-30 所示。

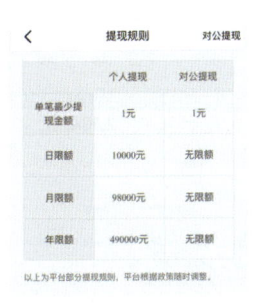

图 10-30　提现规则

另外，抖音平台针对部分金牌大主播所实施的监管政策从 2023 年 1 月开始执行，部分主播将无法通过个人账户提现，需要有公司、工作室的账户才能进行结算。

2. 查询收入

由于抖音的变现任务很多，统计规则和收益统计规则各有差异，因此，大部分变现都有独立的收益统计入口，同时可在收入总览里查询全部收入。

（1）查询收入总览。

登录抖音平台，进入"抖音创作者中心"，点击首页数据"详情"→"数据中心"→"收入分析"，可查看近 30 日 / 近 7 日 / 昨日内的总收入。如图 10-31 所示。

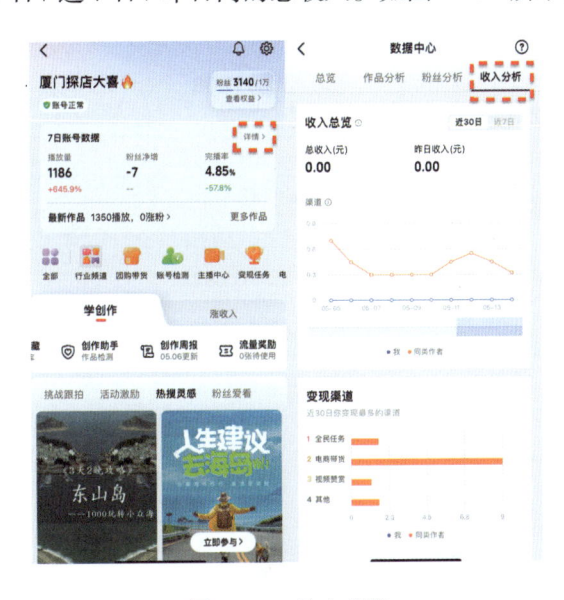

图 10-31　收入总览

207

（2）查询收入明细。

在账号首页点击"涨收入"→"待提现"进入"收入明细"页面，在这里不仅可查询全部总收入，还可查看直播、电商带货、团购带货等变现任务的收入明细，可选时间范围有全部、昨日、近7日和近30日。如图10-32所示。

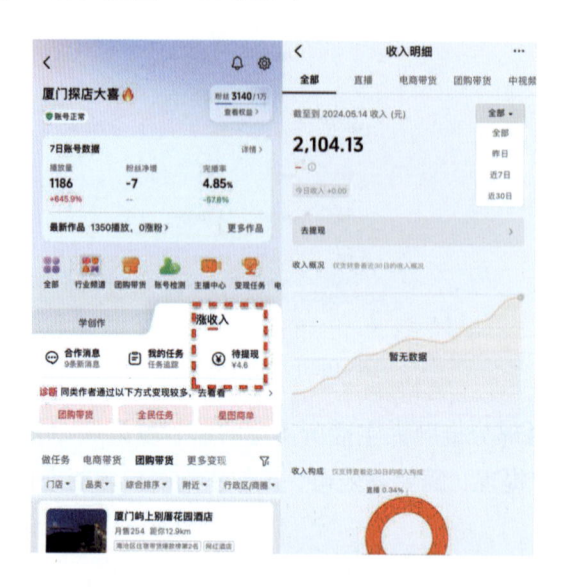

图 10-32　收入明细

此外，每个变现任务页还有对应的入口，可查询这种变现任务更详细的收益情况。如图10-33所示。

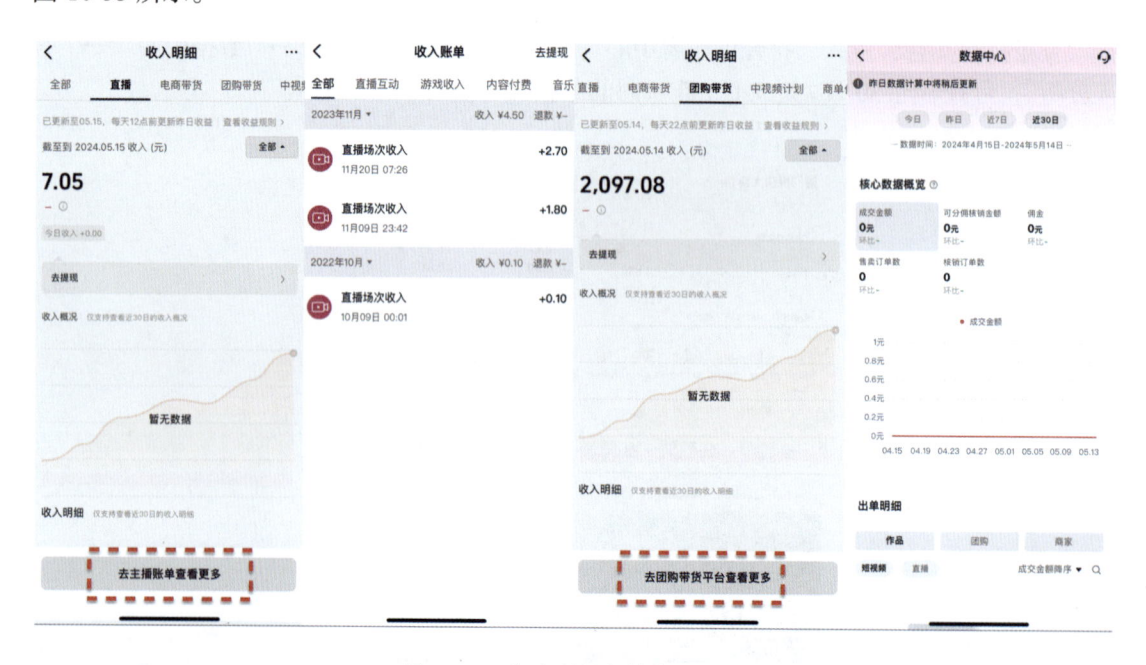

图 10-33　各变现任务的收益入口

3. 收入提现

在"收入明细"页面点击"去提现",进入"我的收入"页面,再次点击"去提现",即可将收益提现到银行卡、抖音零钱或支付宝中,如图 10-34 所示。若是首次提现,则会跳出提现设置,需绑定提现手机号,完成个人实名认证,填写提现账号信息,如图 10-35 所示。

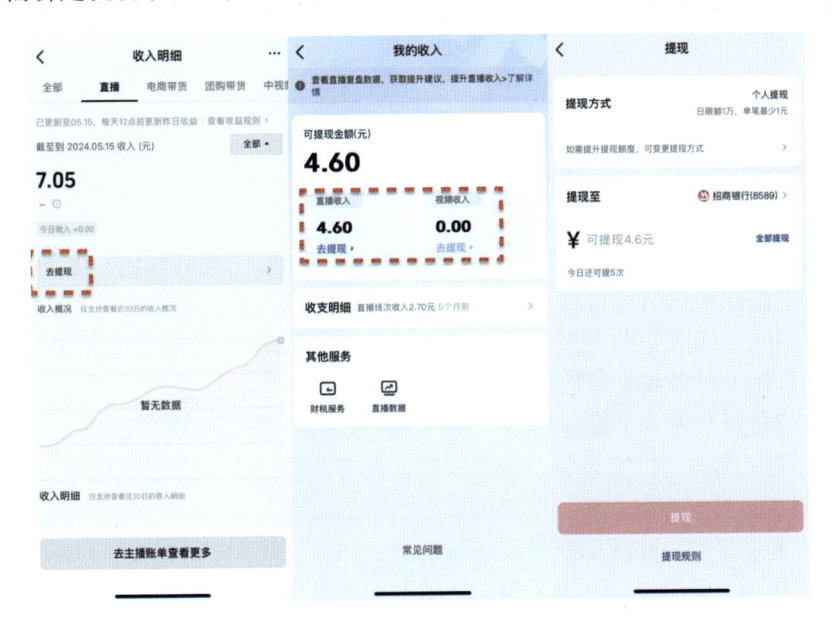

图 10-34　收入提现

图 10-35　提现设置

提现设置完成后,返回"财务管理"页面,点击"结算",将可结算佣金手动结算至财务管理,可提现金额就会增加,点击"提现",输入提现手机验证码,即可完成提现,如图 10-36 所示。

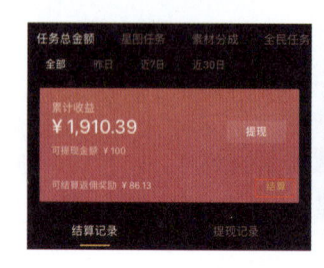

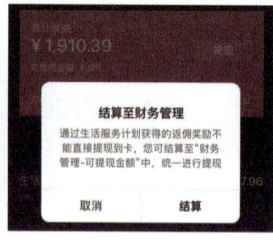

图 10-36　提现流程

4．查询我的钱包

"我的钱包"主要包括充值、提现、转账及查询等功能，"我的钱包"中的资金可供创作者直接在抖音电商体系里消费付款，如购物、购买钻石等，或者直接提现到银行卡账户。

登录抖音 App，依次点击"我"→右上角"三横杠"按钮→"我的钱包"，进入"我的钱包"页面，即可查看相关财务或支付信息，如图 10-37 所示。

抖音钱包的总资产由 4 个模块组成，如图 10-38 所示。

① 抖音零钱：类似支付宝余额、微信零钱，具有充值、支付、提现功能。
② 我的收入：创作者在直播、视频创作中获得的收益。
③ 活动红包：参与抖音活动获得的红包奖励。
④ 作者保证金：开通带货、福袋等需缴纳的保证金。

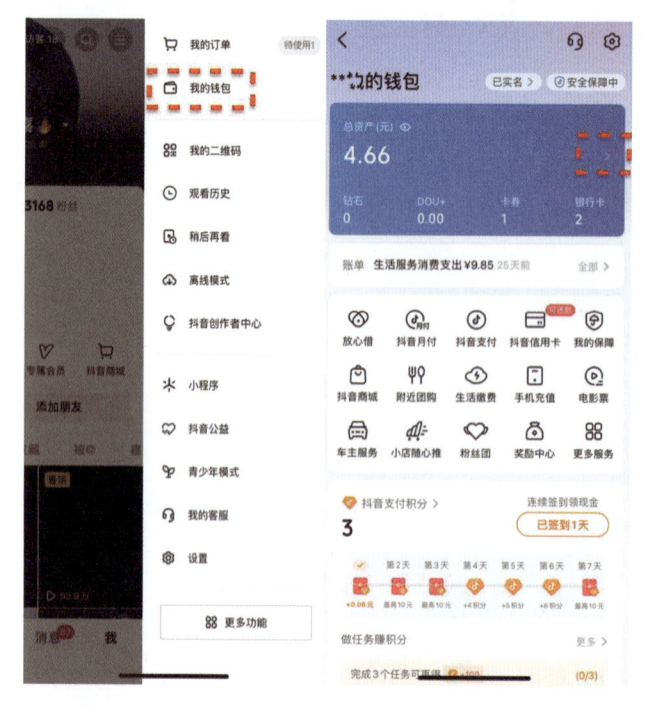

图 10-37　"我的钱包"相关功能　　　　图 10-38　抖音钱包"总资产"

任务总结

抖音变现模式多种多样，每种变现模式都有明确的收入计算规则，明确这些规则有利于有针对性地制订增收策略。了解收入计算规则后，通过查询收入数据，即可核算收入，并进行收入预测。此外，抖音变现模式及规则更新迭代较快，往往新变现模式推出时有一段时间红利期，建议运营者关注"创作者服务中心"消息，及时更新应用程序，从而了解到最新规则，有机会尽早参与新的变现模式。

课堂练习

请大家完善自己的收入账户资料，完成以下任务。

（1）如有可提现收入，完成一次提现操作。

（2）尝试查询一条团购带货视频数据，根据收入计算规则，自己核算收入，并预测该视频可能的总产出（总收入）。

（3）如果要提升该视频的收益，有哪些可行的办法（提示：可从视频整体质量、优化带货话术、增开直播等方面思考）。

（4）进一步和学习小组成员讨论，如何增加团购带货总收入。

项 目 总 结

通过本项目的学习，使读者全面了解抖音平台的各种变现模式及任务，各变现任务的具体要求；掌握如何选择适合自己的变现任务，并按照任务要求进行执行；查看任务，了解任务的进度，以及查看自己的收入情况并进行提现操作。

项 目 练 习

1．单项选择题

（1）提现到抖音零钱后的金额，后续只能提现到（　　）。
    A．支付宝账户　　　　　　　　B．微信账户
    C．银行卡账户　　　　　　　　D．云闪付账户

（2）下列变现模式中，不需要提前开通商品橱窗的是（　　）。
    A．视频带货　　　　　　　　　B．图文带货
    C．橱窗带货　　　　　　　　　D．团购带货

（3）下列关于抖音团购带货的描述中，最准确的是（　　）。
    A．达人在视频中挂载商家的团购券，客户下单到店消费后，达人获得佣金

B. 达人在视频中挂载商家的团购券，销售额全部归达人所有

C. 达人在视频中挂载商家的团购券，客户一旦购买，达人即可获得佣金提成

D. 达人为商家拍摄探店视频，商家支付视频拍摄费用给达人

（4）目前抖音的变现模式可大致分为电商变现模式和（　　）。

  A. 服务变现模式　　　　　　　　B. 橱窗带货模式

  C. 视频带货模式　　　　　　　　D. 直播带货模式

2．不定项选择题

（1）抖音的变现模式有很多种，开通条件各不相同，其中对粉丝数量有要求的有哪些？（　　）

  A. 橱窗带货　　　　　　　　　　B. 直播带货

  C. 全民任务　　　　　　　　　　D. 星图任务

（2）参与团购带货，选择心仪商家需要考虑的因素有（　　）。

  A. 佣金　　　　　　　　　　　　B. 地理位置

  C. 商家品类　　　　　　　　　　D. 商家态度

3．判断题

（1）新手账号执行探店任务时，商家都会提供免费餐食或团购项目体验。（　　）

（2）商品变现时，单笔订单在用户或系统确认收货15天后，该笔订单会发起结算。

（　　）